W0273420

PAPA POUR LA PREMIÈRE FOIS

Le Guide complet pour les nouveaux pères afin d'apporter leur assistance à la grossesse et se préparer de manière efficace pendant les 24 premiers mois ; Illustré d'exemples concrets répondant aux différentes curiosités.

Leonardo Belcuore

&

Cristina Delcanto

SOMMARIO

“Vous n’avez pas pu choisir les parents que vous avez eus, mais vous devez pouvoir choisir quel parent vous pouvez être.”
Marian Wright Edelman

Introduction

Si vous êtes récemment devenu un nouveau père ou êtes sur le point de le devenir, je vous adresse mes plus chaleureuses félicitations et vous souhaite la bienvenue au club des pères. Une telle nouvelle est toujours enthousiasmante : c'est le moment où vous pouvez éprouver des sentiments que vous n'avez jamais ressentis auparavant.

La conception de la parentalité a beaucoup évolué au cours des dernières décennies, à tel point que si, auparavant, seule la figure féminine était appréhendée pour les phases de grossesse, d'accouchement et d'allaitement, on parle désormais des deux parents. Des mères et des pères qui travaillent et collaborent à l'intérieur et à l'extérieur de la maison pour encourager leurs enfants à faire des choix et à adopter un comportement efficace, dans le but d'assurer leur sécurité physique et émotionnelle.

Les complexités modernes de l'ère numérique, entre les réseaux sociaux et le besoin de "paraître", incluent : un âge moyen plus élevé des parents, un éloignement des stéréotypes patriarcaux de base, des différences générationnelles plus prononcées et une anxiété plus répandue concernant l'avenir. Tout cela complique les choses, mais en même temps, parmi les points positifs, ils semblent favoriser des relations potentielles plus fortes entre parents et enfants.

Au sein de la famille, les pères jouent un rôle important en tant qu'enseignants, entraîneurs, protecteurs, guides moraux et, surtout, compagnons de jeu. Un modèle pour les garçons, qu'il s'agisse d'être un homme, un partenaire loyal ou un père fiable. Pour les filles, en revanche, il s'agit d'une figure de référence sur laquelle elles peuvent bâtir leur estime de soi et qui leur enseigne les bonnes qualités à rechercher chez un partenaire de vie. En bref, une grande responsabilité, mais aussi une grande source de fierté, qui vous motivera à toujours faire mieux.

Bien sûr, les bons parents deviennent de bons parents par essais et erreurs. Personne ne sera jamais parfait. En revanche, lorsqu'une personne est dotée d'une vocation innée et possède une base solide de certaines qualités de caractère et de compétences pratiques, elle a plus de chances de devenir le meilleur père pour ses enfants. La lecture, en revanche, joue précisément la fonction de guide, afin que chacun d'entre nous puisse aspirer à être un père utile et digne de confiance, et par corrélation élever des enfants forts, satisfaits et bien équilibrés, prêts à mener une vie heureuse et réussie.

Pour mieux comprendre les traits de personnalité que l'on doit avoir, nous avons rassemblé ci-dessous les 20 traits pour être un partenaire de vie fantastique et un père responsable. Identifiez et testez ceux qui, selon vous, vous appartiennent en propre :

1. **La fiabilité** : les enfants ont besoin de savoir qu'ils peuvent compter sur vous, sinon ils risquent de perdre confiance. Des choses simples, comme être ponctuel et surtout tenir sa parole.
2. **L'honnêteté :** cela semble facile à dire, mais cela signifie admettre sa faute lorsque l'on fait une erreur et toujours dire la vérité, même si cela peut être difficile à accepter.
3. **L'humilité :** reconnaître ses limites et accepter que le monde extérieur est imparfait permet aux enfants d'admirer leur père d'abord en tant qu'être humain et ensuite ce que signifie être un leader sain.
4. **L'attention:** un père qui sait donner toute son attention à son enfant lui apprend à assimiler l'une des qualités les plus difficiles à avoir, à savoir l'écoute. "Ce que vous me dites est important".

5. **La patience:** l'expérience des crises de nerfs et des explosions de colère est aussi plausible que vous pouvez l'imaginer. Savoir contrôler ses réactions les plus exagérées est une excellente leçon pour garder le contrôle, comme des mauvaises surprises et des événements négatifs que la réalité place devant nous.
6. **L'esprit ludique:** se prendre toujours trop au sérieux n'est pas une bonne chose, car chaque enfant veut s'amuser. Chatouiller, poursuivre, jouer à cache-cache et ramper ne sont que quelques exemples des activités auxquelles vous devez être prêt à vous livrer pour rire et sourire de la vie.
7. **La curiosité :** le désir d'apprendre quelque chose de nouveau et d'être ouvert à la nouveauté est probablement quelque chose que vous avez déjà mais qui va s'intensifier. Votre bébé ou votre enfant vous fera certainement voir la même chose avec des yeux différents.
8. **La compassion :** comprise comme une attitude de sympathie qui va au-delà de l'empathie, car elle compatit à un état de détresse. Il faut d'abord se mettre à la place des autres, puis compatir à leurs difficultés, et enfin être prêt à l'interaction et à la confrontation, à partir desquelles se construisent des relations positives.
9. **L'Adaptabilité :** la tâche d'un parent est aussi de savoir s'adapter, de savoir quand utiliser le bâton et quand utiliser la carotte, d'apprendre à l'enfant l'équilibre et l'importance de son éducation. Rester toujours rigide sans rien faire n'est pas une stratégie gagnante.
10. **L'optimisme :** une attitude positive et pleine d'espoir est ce dont les enfants ont besoin pour acquérir le courage de poursuivre leurs rêves.
11. **Le pragmatisme :** en plus d'un sentiment général de confiance et de détermination, il est nécessaire d'avoir une vision analytique et pratique, visant à gérer les

événements quotidiens et à porter des jugements clairs sur ce qu'il convient de faire.

12. **La créativité :** capacité à produire des idées originales pour divertir l'enfant et rendre la récréation plus amusante. Par extension, il s'applique à des problèmes réels : le flair et l'ingéniosité pour trouver des solutions brillantes.
13. **L'assertivité :** le devoir d'établir une structure approuvée et solide afin de maintenir un environnement sûr et prévisible, où l'indécision quant aux règles établies est l'ennemi numéro un. Être sûr de ses ordres sans être agressif ou désagréable.
14. **La Conscience :** être prévenant et stable dans la sphère familiale, de sorte que les enfants sont plus susceptibles de devenir réfléchis, attentifs et coopératifs afin d'obtenir une plus grande satisfaction au travail et de considérer la santé de tous en premier lieu.
15. **L'authenticité:** une condition de pureté et de congruence entre ce que l'on représente extérieurement et ce que l'on est intérieurement. Être ce que l'on est sans construire des paradigmes forcés, trouver sa juste dimension pour aimer et être aimé.
16. **La persévérance** : une compétence parentale fondamentale. Le maintien de la motivation, le désir passionné, l'engagement régulier sont ce qu'il faut pour atteindre vos objectifs. Vos enfants vous admireront et apprendront combien l'effort, l'endurance et la résilience sont utiles.
17. **L'aide:** donner un coup de main lorsque nos enfants nous demandent de l'aide n'implique pas de baisser les bras et de souligner leur défaite, au contraire. Nous devons faire preuve d'altruisme, de générosité et de sensibilité à l'égard des demandes qui nous sont adressées, en fournissant la bonne quantité de soutien: suffisamment pour être

instructif, mais pas trop pour ne pas les priver de la possibilité de devenir responsables et autonomes.

18. **La stabilité émotionnelle** : les enfants ont besoin d'un environnement sain et calme dans lequel ils peuvent évacuer leurs problèmes sans risquer d'être eux-mêmes assaillis par des crises. Face aux éventualités, respirez profondément et maintenez l'équilibre de la situation, et essayez d'estimer leur franchise.
19. **L'Affection :** la tendance à ressentir et à montrer physiquement de l'affection est une manifestation importante pour votre enfant. Les pères qui sont capables d'accéder à leurs émotions et de les partager sont capables d'avoir plus de connexion avec eux. Un câlin supplémentaire ne coûte rien, d'autant qu'il est scientifiquement prouvé qu'il stimule la production d'ocytocine, l'hormone qui améliore l'humeur et soulage le stress.
20. **La conscience de soi :** la conscience de ses capacités et de ses aptitudes est un outil de base. En effet, l'épanouissement exige une introspection sur soi-même afin de comprendre ses points forts, d'accepter sa marge d'amélioration et de savoir quand demander de l'aide. L'enseignement de ce précepte permettra aux enfants d'identifier ce qu'ils aiment, ce qu'ils n'aiment pas, ce qui leur donne de la force et ce qui les passionne pour les guider tout au long de leur vie.

J'ai voulu faire un excursus général pour analyser, d'un point de vue global, quels sont les traits distinctifs pour faire d'un homme, un excellent père pour ses enfants, non seulement dans les 2 premières années après leur naissance, mais pour leur vie future. Grâce à ces hypothèses, vous serez également en mesure d'être de fantastiques compagnons et collaborateurs de votre partenaire sur le chemin de la parentalité.

Nous savons tous qu'un enfant est un être totalement imprévisible, lunatique et capable d'émettre des cris déchirants.

Le secret réside dans la préparation : il s'agit de pouvoir faire face à toute dynamique susceptible de survenir au quotidien et d'être prêt à mettre en œuvre tout plan alternatif en cas d'échec du premier. Un père préparé peut s'aventurer dans le monde avec la tête et le bébé attaché dans une pochette sur le dos : le but de ce manuel est précisément de vous rendre plus confiant.

Vous trouverez dans les chapitres à venir des techniques, des conseils et des astuces non seulement pour élever votre petit bébé, mais aussi pour maintenir un lien stable avec votre partenaire, la comprendre, l'aider et préserver le sentiment que vous avez toujours eu. Certaines choses peuvent vous sembler étranges, voire absurdes, mais vous devez avoir confiance car les recommandations sont le résultat de l'étude de pédiatres experts. Nombreux sont les nouveaux pères qui se sont retrouvés pris au dépourvu face à des maux de tête qu'ils n'auraient jamais envisagés.

Nous avons divisé le livre en plusieurs chapitres en fonction de la période de vie de votre enfant, afin que vous puissiez vous y retrouver plus facilement car, bien qu'il s'agisse d'une expérience bouleversante et stimulante, il y a tant à apprendre en peu de temps.

Revenez sur ces pages au fur et à mesure que vous et votre enfant grandissez, pour identifier les caractéristiques dont vous êtes le plus conscient, et transmettre ainsi la meilleure éducation possible. Un jour, votre fils ou votre fille pourra vous étonner et vous prouver qu'il ou elle est encore meilleur(e) que vous, ce qui vous donnera un énorme sentiment de satisfaction. Quoi qu'il en soit, malgré toutes les difficultés et les moments de découragement, ce sera sans aucun doute une expérience unique, unique et belle, à vivre pleinement !

Leonardo Belcuore

"La qualite d'un pere se manifeste dans les objectifs, les reves et les aspirations qu'il a non seulement pour lui-meme, mais aussi pour sa famille."

Reed Markham

La Grossesse

Les longs mois de grossesse sont un torrent d'émotions pour la mère, la découverte d'une nouvelle créature qui grandit en elle, les premiers mouvements que l'on peut sentir dans le ventre et qui signalent la présence mystérieuse, et surtout, le corps qui se transforme et qui souligne, jour après jour, le parcours pour pouvoir tenir le nouveau venu dans ses bras. Les semaines préparatoires sont faites de sentiments contradictoires et ambivalents, entre joie et peur, euphorie et inquiétude. Pour la femme enceinte, en revanche, tout est bien tracé et défini par une succession d'étapes précises de contrôles et une série d'attentions de la part des amis et des parents.

Tout cela fait de la mère la protagoniste, tandis que le père peut se sentir partiellement exclu et ne vivre ces événements qu'indirectement. La vérité est que pendant la période de grossesse, la femme passe par un processus graduel où elle peut remarquer une série de changements. Son apparence physique et ses habitudes quotidiennes commencent à changer, et elle éprouve de plus en plus de sentiments tels que des nausées, de la fatigue et des sautes d'humeur. Pour vous, la situation est différente, car vous ne vivez évidemment pas physiquement le même parcours, et vous courez le risque de ne réaliser réellement ce qui s'est passé qu'à la naissance du bébé. C'est la grande différence. Il s'agit d'une aventure générative qui implique une sphère totalement étrangère à celle à laquelle l'homme est habitué, où la masculinité et la virilité sont résolument diminuées et, dans une large mesure, inutiles.

La grossesse doit cependant représenter un théâtre d'initiation et de partage, vécu de manière consciente, qui permet au mâle de développer son côté inattendu, sensible et troublant. L'homme, lui aussi, peut être ému en observant les premières images échographiques, en sentant les battements ou en palpant de la main les coups de pied sur son ventre, se sentant ainsi partie intégrante et complémentaire d'une expérience unique dans sa propre existence.

Il existe aujourd'hui des preuves scientifiques montrant que les pères ont également une véritable prédisposition biologique à s'occuper des enfants, ce qui entraîne des changements hormonaux similaires à ceux de la mère. En particulier, une étude menée par l'Université du Michigan et publiée dans l'American Journal of Human Biology, atteste d'une baisse des niveaux de testostérone et d'œstradiol. Le premier réduit l'agressivité et incite l'homme en tant que futur père à être plus protecteur, tandis qu'une baisse du second favorise une meilleure prédisposition à assumer de nouvelles responsabilités. La recherche indique également que si la mère est pratiquement toujours "allumée" et prête à s'occuper d'elle, le père doit être "allumé" et réchauffé : paradoxalement, cela signifie que c'est le père qui a davantage besoin de réunions et de cours prénataux que la mère, qui peut au contraire compter sur une intuition innée, fruit de milliers d'années d'évolution et de sélection.

Le passage des mois de grossesse et les différents stades de développement du fœtus " mentalisent " le père et le mettent sur la voie de la représentation de l'enfant, même si c'est de manière idéale et fantastique. Ce processus inconscient l'amène à penser que ce petit être, qu'il n'a pu qu'entrevoir dans des échographies délavées, est son enfant, même s'il ne peut encore ni le toucher ni le voir. En définitive, on peut dire que la grossesse du père est **une grossesse mentale** mise en œuvre biologiquement à travers le corps d'un autre.

Le fait d'être profondément à l'écoute de sa partenaire peut amener un homme à assimiler et à acquérir de nouvelles nuances émotionnelles. On parle dans ce cas de grossesse empathique, ou plutôt de **syndrome de Couvade**. Il s'agit d'un état incroyable mais réaliste qu'un homme peut connaître en raison du lien fort qui l'unit à sa partenaire et qui consiste à ressentir les mêmes symptômes que la femme, tels que des vomissements, des nausées, des fringales et une prise de poids. Elle se manifeste généralement vers le troisième mois de la grossesse, ou à l'approche de l'accouchement. Dans ce cas, il y a une augmentation considérable pour un homme des niveaux de prolactine, une hormone typiquement féminine responsable de cet état.

Pour promouvoir la paternité dès la grossesse, il faut penser à d'autres figures de soutien vers lesquelles se tourner, comme les sages-femmes, les psychologues, et les groupes d'aide présents, également sur Facebook, où les pères établis aident les nouveaux pères à réfléchir et à partager les nouvelles émotions et responsabilités liées à l'arrivée du petit. En outre, un autre élément non facilitateur qui rend plus difficile la participation aux réunions et aux contrôles prénataux est la législation italienne. En Italie, par rapport aux pères du nord de l'Europe, on se préoccupe encore peu de faciliter la conciliation de la famille et du travail, de sorte que les rares autorisations autorisées et rémunérées sont toutes concentrées dans les jours qui suivent la naissance de l'enfant ou en cas de maladie, tandis que pendant la période de grossesse, il n'existe aucune facilité.

Les mois qui suivent la naissance de l'enfant sont essentiels pour raisonner et prendre des décisions avec la mère sur la manière d'allaiter l'enfant, de le faire dormir dans le lit à côté du vôtre, d'organiser le travail, etc. Faire des choix maintenant est synonyme de responsabilité et aide le couple à l'avenir ; de nombreux événements imprévus se produiront déjà jour après jour.

À l'approche de la salle d'accouchement, il est donc bon de "s'activer" de manière pratique et concrète, en se donnant des tâches bien précises :

- Peindre les murs de la chambre du bébé
- Acheter le lit d'enfant et la poussette
- Planifier l'itinéraire du domicile à l'hôpital désigné
- Préparer le sac d'hospitalisation
- Achat et installation du siège auto pour le voyage de retour
- Communiquer les données nécessaires à l'inscription et au choix du pédiatre
- Prendre des dispositions avec les parents et les amis pour les visites à domicile
- Préparez à l'avance des réserves de nourriture prête à être consommée pour simplifier les premières semaines.
- Recherchez les meilleurs porte-bébés pour tenir le bébé sur le dos
- Discutez avec l'employeur des possibilités de congé

Pour soutenir efficacement la mère dans cette phase de transition à venir, il faut être inclusif et enthousiaste, puis s'occuper de toutes les questions plus organisationnelles et pratiques, afin qu'elle puisse canaliser toute son énergie et ses pensées vers l'accouchement et le début de l'allaitement. Ne perdez pas votre sens de l'humour, car rire et essayer de voir le verre à moitié plein en toute chose sera la clé qui vous permettra de traverser chaque moment avec les bonnes vibrations.

En bref, à partir de maintenant, la vie de couple va devenir encore plus intense car vous n'êtes plus un seul individu, mais une équipe qui doit atteindre un objectif commun.

Les 7 premiers jours

Les ressemblances avec son propre enfant

Bien souvent, avant l'arrivée d'un enfant, on fantasme sur ce à quoi il ressemblera, à qui il ressemblera, s'il aura les yeux clairs ou foncés comme papa ou maman. C'est tout à fait normal ; la curiosité dans ce cas est inévitable. De plus, pour être plus précis, ce processus fait partie de ce processus plus large et plus naturel qu'est l'accueil des nouveaux enfants et la construction de l'identité de l'un et l'autre parent.

Bien que l'on ne sache rien de l'apparence de son enfant, hormis ce que l'on peut percevoir des échographies, on a tendance à l'imaginer comme un enfant bien proportionné, à la peau lisse et à l'expression sereine. Après tout, cette image qui se construit lentement dans l'esprit des parents est également influencée par les stimuli externes auxquels nous sommes constamment soumis. Qui n'a jamais regardé par hasard une publicité à la télévision dans laquelle apparaît un nouveau-né parfait ? Mais je suis désolé de devoir te dire, papa, que cette image que tu as tant fantasmée ne correspond pas, la plupart du temps, à la réalité.

Immédiatement après la naissance, dès que vous sortez du ventre de votre mère, votre nouveau-né a tendance à ne ressembler ni à vous, ni à votre partenaire, ni même aux autres membres de la famille. Cela ne doit ni vous inquiéter ni vous effrayer car, comme vous le lirez plus loin, les bébés, dès leur naissance, prennent des connotations qui disparaissent rapidement. Votre expression sera probablement encore incrédule et déconcertée, en raison de plusieurs facteurs, dont le fait d'avoir assisté pour la première fois à une naissance vivante, le fait qu'il s'agisse de votre propre enfant, et le fait de réaliser seulement maintenant, peut-être, que vous êtes vraiment père. Restez calme, rappelez-vous que ces sentiments sont naturels. Vous aurez une meilleure vue et, même si la mère essaiera de lire quelques indices dans vos yeux, il n'y a aucune raison de l'effrayer.

En général, lorsque vous imaginez à quoi ressemblera votre enfant lorsque vous accoucherez, vous recréez dans votre esprit une image de lui correspondant à un enfant d'environ trois mois. Dans les premiers instants qui suivent la naissance, cependant, l'apparence de votre enfant sera complètement différente. Voyons exactement comment:

- ✦ **Le crâne :** de forme conique, en raison de la pression qu'il a subie dans les parois utérines. Elle peut présenter une petite bosse sous-cutanée ("céphalhématome") due à un léger épanchement de sang et de sérum sur le cuir chevelu. Ça s'arrange en quelques jours.
- ✦ **La tête :** plus grande que le reste du corps, égale à ¾ de la hauteur totale, elle est allongée et plate au niveau de la nuque. Cela permet au bébé de sortir du canal de naissance avant de s'installer en peu de temps. Ses os ne sont pas encore totalement scellés, mais peuvent être manipulés sans danger car ils sont protégés par une membrane très solide.
- ✦ **Le front :** des taches rouges très intenses apparaissent à une fréquence considérable, qui s'accentuent lorsque le bébé pleure. Avec le temps, ils s'estompent puis disparaissent complètement.
- ✦ **L'abdomen :** proéminent et enflé, avec un gonflement dur et tendu sous le mamelon. Le gonflement s'atténue progressivement au fur et à mesure que le bébé élimine les hormones transmises dans le fœtus.
- ✦ **Le pelotage :** de fins poils couvrant le dos, les cuisses, les épaules, les joues et le front, qui ont tendance à disparaître en quelques semaines.

- **Yeux :** gonflés et pleins de sang immédiatement après la naissance, ils prennent une couleur vitreuse, d'une teinte indéfinie, souvent bleue. La véritable couleur sera découverte et définie au cours de la première année.
- **Le nez :** structure aplatie avec un menton asymétrique, dû à la pression subie in utero.
- **La milia :** éruption cutanée bénigne survenant sur le visage. Il s'agit de petits kystes blancs nacrés causés par une production excessive de sébum sous l'effet des hormones, qui vont bientôt disparaître.
- **Peau rugueuse :** l'enveloppe caséeuse est la couche grasse blanche qui protège la peau du bébé pendant qu'il est dans le liquide amniotique. Il provoque la peau craquelée typique qui disparaît rapidement.
- **La jaunisse :** couleur jaunâtre de la peau et des muqueuses due à un taux élevé de bilirubine. Elle peut se produire notamment chez les prématurés, lorsque le foie n'est pas encore en mesure d'éliminer les globules rouges dégradés qui libèrent ce pigment. La photothérapie à l'hôpital pendant quelques jours, et l'exposition au soleil quelques minutes par jour à la maison, permettent à la peau de retrouver la belle couleur rose attendue.
- **Les organes génitaux :** le scrotum et le pénis apparaissent volumineux chez les garçons pendant quelques jours après la naissance. Il s'agit d'un effet causé par le transfert d'hormones maternelles à travers le placenta dans les heures précédant la naissance.
- **La vulve** : chez les sissies, elle apparaît gonflée, avec les lèvres bien visibles. Phénomène produit par les hormones par analogie avec les organes génitaux masculins.
- **Le fessier :** certains nouveau-nés développent ce que l'on appelle une " mélanocytose cutanée ", une tache brune ou gris-bleu totalement bénigne qui s'estompe avec le temps.

- **Pattes :** minces, chétives, fines et courbées. Dans les 24 premiers mois de la croissance, il s'agit d'un phénomène absolument physiologique, destiné à se résoudre spontanément.
- **Autres :** les furoncles, les ecchymoses, les taches, les taches de naissance et autres rougeurs sont des troubles cutanés récurrents, qui ont tendance à s'estomper au cours des deux premières années de la vie, selon le cas.

Ce que je viens de décrire n'a pas pour but de vous inquiéter ou de décevoir vos attentes, mais plutôt de stimuler une vision aussi réaliste que possible de l'apparence du bébé, afin que vous arriviez préparés.

Stimuler ses reflexes

Dans un premier temps, comme je dois également passer beaucoup de temps avec l'enfant, j'ai décidé de vous recommander quelques jeux avec lesquels vous pourrez vous amuser ensemble, dès les premiers instants.

La façon la plus utile d'utiliser le temps est de stimuler ses réflexes. Cela vous permettra non seulement d'apprendre à connaître l'enfant et de savoir quelles compétences il doit développer, mais aussi de le divertir et d'améliorer votre relation avec lui.

Avant d'expliquer ce qu'ils sont, je voudrais clarifier d'un point de vue terminologique ce que l'on entend par réflexe archaïque. Par ce terme, nous entendons la réponse motrice automatique et involontaire à un stimulus sensoriel. Lorsqu'un enfant naît, il quitte un environnement protégé pour se catapulter dans un environnement extérieur hostile. Ce changement forcé entraîne son besoin de survie et de protection, d'avoir plus de réflexes à sa disposition et d'optimiser ses réflexes prénataux.

Chaque réflexe a une fonction précise et différente, il est donc important de connaître non seulement l'effet, mais aussi ce que nous devons réellement faire pour qu'il se produise.

Avant d'expliquer ce qu'ils sont, je voudrais préciser, d'un point de vue terminologique, ce que l'on entend par **réflexe archaïque**. Par ce terme, nous entendons la réponse motrice automatique et involontaire à un stimulus sensoriel. Lorsqu'un enfant naît, il quitte un environnement protégé pour se catapulter dans un environnement extérieur hostile. Ce changement forcé entraîne son besoin de survie et de protection, d'avoir plus de réflexes à sa disposition et d'optimiser ses réflexes prénataux.

Chaque réflexe a une fonction précise et différente, il est donc important de connaître non seulement l'effet, mais aussi ce que nous devons réellement faire pour qu'il se produise.

Je vais donc énumérer ci-dessous les réflexes que vous pouvez stimuler :

- **Réflexe de Moro :** il se manifeste en raison d'un bruit fort, ou d'un souffle sur le visage de l'enfant, ou de stimuli thermiques sur son abdomen ou encore de mouvements brusques de son tronc en position couchée. L'enfant perçoit alors un danger de chute et cherche involontairement à se retenir, en ouvrant ses bras et ses jambes et en hyperextensionnant ses doigts. Il est souvent accompagné de pleurs, justifiés par la frayeur apparente qu'il a ressentie. Souvent, elle apparaît sans que nous nous en rendions compte, peut-être parce que nous le déplaçons dans le lit trop rapidement et indélicatement. Elle disparaît au 6ème mois.
- **Réflexe de préhension palmaire/plantaire :** dans ce cas, vous devrez toucher la paume ou le pied du bébé ; immédiatement après, vous remarquerez qu'il saisira votre doigt avec sa main ou enroulera son petit pied, très fermement. Grâce à la préhension, vous aiderez votre enfant à tenir plus facilement les objets, les empêchant ainsi de tomber au sol. Au fur et à mesure que le bébé grandit, vers

3-4 mois, une pression plus forte sera nécessaire pour qu'il ait la même réaction qu'avant.

- **Réflexe de marche automatique :** saisissez le bébé sous les aisselles et aidez-le à se redresser, en lui permettant de poser ses pieds sur le sol ou sur toute autre surface plane (n'oubliez pas de soutenir sa tête) ; à ce stade, le bébé commencera à lever d'abord une jambe, puis immédiatement l'autre, en imitant ce qu'il ferait s'il savait marcher. Ce réflexe tend à disparaître vers l'âge de 2 ou 3 mois.
- **Réflexe d'évitement :** lorsque le nourrisson est en position couchée, essayez d'approcher un objet de son visage. Une fois cette opération terminée, vous remarquerez qu'il tournera son visage dans la direction opposée, en fermant les yeux et en essayant de s'éloigner de l'objet. Le réflexe que je viens de décrire aide l'enfant à éviter le danger.
- **Réflexe de l'escrimeur :** similaire au précédent, en position couchée sur le dos, si vous orientez doucement la tête du bébé dans une direction spécifique, il tendra le même membre supérieur et fléchira simultanément le membre opposé. Ce réflexe permet au nourrisson de ne pas se retourner et affine l'activation croisée des membres.
- **Le réflexe de succion :** comme le mot l'indique, cette réaction est fondamentale pour que le bébé puisse se nourrir. Il est déclenché par le frôlement vers le coin de sa bouche de notre doigt : sa tête bouge dans la direction du stimulus perçu, puis ses lèvres se rapprochent, sa langue se rétracte et enfin sa bouche tend à se refermer autour. Il est important de l'aider à trouver le sein d'abord, puis le biberon ensuite. Elle disparaît vers l'âge de 10-11 mois.

Comment gérer les amis et les parents

Une fois votre enfant né, vos parents et amis seront impatients de le rencontrer en personne : les photos et vidéos transmises ne suffiront plus. Parmi eux, il y aura ceux qui ont hâte de le tenir dans leurs bras et de le câliner de près, et ceux qui sont plus timides et réticents se tiendront à l'écart.

Si vous et votre partenaire êtes d'accord, confier votre petit dans les bras d'un ami ou d'un membre de la famille sera une expérience excitante et relaxante : gagnez quelques minutes de repos et vous pourrez évaluer secrètement le potentiel de baby-sitting des sujets.

Vous trouverez ci-dessous quelques bonnes recommandations à garder à l'esprit lorsque vous confiez votre nouveau-né à une personne quelconque :

- **Se laver les mains :** la personne doit s'être lavée les mains soigneusement avec du savon. Il s'agit d'une recommandation très importante, bien qu'évidente, car les rhumes ou autres infections virales peuvent lui être transmis plus facilement, ce qui vous oblige à chercher des moyens de décongestionner ses voies respiratoires la nuit.
- **Se détendre :** les enfants sentent instinctivement toute nervosité, conseillez donc à la personne de rester calme et tranquille.
- **La sécurité :** de nombreuses personnes ne se sentent pas suffisamment à l'aise pour tenir leur nouveau-né en position verticale, il faut donc leur conseiller de porter le bébé en position assise. Dans cette position plus confortable, il n'y a pas de risque que les bras soient dans une mauvaise position. La seule recommandation est de toujours soutenir sa tête.

Enfin, si vous vous retrouvez dans une situation embarrassante où vous avez peur de confier votre enfant à quelqu'un, vous pouvez opter pour une excuse bien ficelée. D'autre part, vous n'êtes pas obligé de faire confiance à tout le monde, que la raison soit superficielle ou non ; si vous ne connaissez pas bien la personne, jouez l'une des cartes suivantes :

"Il est très nerveux aujourd'hui car il vient d'être vacciné, ce n'est pas une bonne idée".

"Malheureusement, il est allergique à certains déodorants, détergents et laques, donc nous ne pouvons pas prendre le risque".

"Le pédiatre nous a dit que cette éruption est contagieuse, je ne voudrais pas que cela arrive".

"Nous n'avons toujours pas compris pourquoi il a tendance à piquer des crises de colère lorsqu'il est en présence de personnes qui ont des boucles d'oreilles, des tatouages ou une barbe complète".

"Hier, nous avons eu un épisode désagréable que je vous laisse imaginer ; il a la diarrhée depuis quelques jours".

Les raisons peuvent être variées mais il y a toujours une issue.

Photos e vidéos

Je suis sûre que maman et toi ne voulez pas manquer un seul souvenir de la première année de la vie de votre enfant, qu'il s'agisse d'une fille ou d'un garçon : le moment de la naissance, les premiers sourires, le premier bain, la première fois qu'il prononce maman ou papa, la première fois qu'il rampe et se tient debout pendant quelques secondes, etc.

La mauvaise nouvelle, c'est que la tâche d'immortaliser un moment important incombe généralement aux papas. Peu importe que vous fassiez un autre travail ou que vous n'ayez aucun intérêt à utiliser des appareils électroniques. Les photos et les vidéos seront votre prérogative, et vous ne serez pas à l'abri d'une réprimande de votre partenaire pour ne pas avoir pu enregistrer un événement donné, ainsi que pour ne pas avoir chargé votre téléphone portable pour le faire. Ils seront de votre faute. Vous, en revanche, vous sortirez toutes les excuses possibles et imaginables, et celle d'avoir déjà enduré un long travail de neuf mois et un accouchement douloureux, ne vous en voudra jamais.

C'est pourquoi j'ai décidé de consacrer quelques lignes à tous les outils qui peuvent s'avérer utiles pour prendre des photos et des vidéos inoubliables.

Vous pouvez décider d'utiliser votre smartphone à la fois pour une tâche et pour l'autre. Dans ce cas, assurez-vous que votre téléphone portable est équipé :

Pour un meilleur rendu d’images l’on doit prendre en compte :

- **Le capteur:** la taille du capteur est beaucoup plus importante que le nombre de mégapixels. Elle peut être trouvée dans les spécifications techniques ou en mesurant réellement sa diagonale, sa longueur et sa hauteur.
- **La qualité optique de l'objectif :** une caractéristique pratiquement impossible à évaluer, cependant, des objectifs dits de smartphone sont désormais vendus. Il s'agit d'accessoires dotés d'un véritable objectif externe, de faible encombrement, qui se fixent directement sur l'appareil mobile pour augmenter sa capacité de prise de vue et ses performances.
- **L’Ouverture :** Correspond à la quantité maximale de lumière qui peut atteindre le capteur et est désignée par l'abréviation *f/*... Une valeur faible signifie plus de luminosité et évite les photos floues, elle est donc inversement proportionnelle.
- **Le stabilisateur optique :** Afin d'éviter l'effet de tremblement et ainsi compenser les petits mouvements involontaires de l'utilisateur, les smartphones moyen-

haut de gamme sont équipés du module appelé OIS, c'est-à-dire la stabilisation optique de l'image.

- **La vitesse d'obturation :** la vitesse d'exposition de l'appareil photo joue un rôle tout aussi crucial dans la capture de meilleures images. La plupart des smartphones de dernière génération vous permettent de régler ce paramètre vous-même avant de prendre la photo, sinon vous pouvez recourir à certaines applications, notamment pour les systèmes d'exploitation Android. Essayez par exemple FV-5 Lite, ProShot, Manual Camera Lite ou avec une interface plus intuitive Footej Camera.

Une mémoire de stockage suffisante:

- **Le Stockage interne :** les téléphones mobiles dotés d'une capacité de base de 64, voire 128 Go, sont de plus en plus populaires. Le choix dépend certainement du type d'utilisation que vous faites de l'appareil autre que la photographie, notamment le stockage de vidéos et les applications.
- **Le Type de stockage interne :** la norme la plus récente est l'UFS 3.1, qui a pour avantage la rapidité, la fiabilité et la faible consommation d'énergie.
- **Le Stockage externe :** possibilité de stocker toutes les photos, vidéos, fichiers et applications que vous souhaitez sur une carte microSD. La possibilité d'ajouter de la mémoire extensible peut être un bon compromis si vous ne voulez pas dépenser beaucoup au départ en passant de 64 à 128 Go ; le seul défaut pourrait être la configuration et l'utilisation parfois complexes lors de l'enregistrement ou du transfert de données.

Une batterie de longue durée:

- **mAh :** un quota élevé de milliampères-heures garantit une plus grande autonomie de la batterie du téléphone, bien que la consommation d'énergie dépende des tâches effectuées. La navigation GPS, les jeux, les multiples applications ouvertes, le Bluetooth et le visionnage de vidéos en streaming sont les activités qui consomment énormément de batterie.

- **Recharge sans fil :** c'est une option des téléphones mobiles les plus avant-gardistes qui permettent la recharge par proximité. Il peut s'agir d'induction, qui nécessite un contact physique et un alignement entre le téléphone et la source de charge sans fil, ou de résonance, où les bobines situées à une distance spécifique se chargent sans devoir se toucher. Les deux systèmes utilisent le champ magnétique pour transmettre et capter les électrons, qui génèrent ensuite le flux qui alimente la batterie.
- **Powerbank** : il s'agit d'un chargeur de batterie portable et rechargeable, qui favorise, via un câble USB approprié, une alimentation supplémentaire en dehors de la maison. Il peut être équipé d'un bouton marche/arrêt ou fonctionner de manière automatique.
- **Quick Charge™ :** cette technologie de recharge rapide propriété de Qualcomm®, vous permet de passer moins de temps branché. Il recharge jusqu'à 80 % de la batterie en seulement 35 minutes, préservant ainsi la longévité et la sécurité de la batterie. Il adopte des techniques précises pour prévenir les dommages causés à la batterie par une charge rapide non contrôlée et équilibre la tension de sortie avec la tension d'entrée. Pour cela, il est indispensable de vérifier la présence du logo, un indicateur de certification.

En plus de tout cela, pensez à télécharger des applications spécifiques pour votre système d'exploitation afin de recadrer, retoucher et peut-être éditer les photos pour en faire un collage de vidéos musicales qui plaira à tous. Vous pouvez aussi, si vous le préférez, déplacer toutes les photos sur votre ordinateur et y travailler mieux. Il suffit d'un câble USB ou de la liaison Bluetooth, présente dans tous les ordinateurs portables.

Capter les moments les plus significatifs du temps passé ensemble sans s'attarder sur la même pose, cela deviendrait inutile et même, parfois, ennuyeux. Rendez la collection aussi intéressante que possible, par exemple :

- **Varier les vêtements :** faites porter au bébé un costume pour le carnaval, un pull pour Noël ou un joli pyjama.
- **Changer de lieu :** changer de lieu est une autre astuce précieuse pour enrichir votre album. Entourez-le de nains de jardin, de soldats de plomb ou de poupées dans sa chambre, placez-le sur un grand lit avec une couette blanche, ou tenez-lui la main en lui montrant l'étang que vous visitez.
- **L'entourer de personnes :** Garder une photo avec votre famille et vos amis les plus proches peut être une bonne idée pour animer les photos et les revoir à l'avenir.
- **Utilisez le retardateur :** prenez des selfies souriants avec votre enfant, ou pendant qu'il est bronzé ou qu'il a faim, pour les garder en souvenir quand il sera plus grand.

Si les photographies sont importantes, les vidéos le sont encore plus. C'est pourquoi, si vous ne disposez pas d'un téléphone "dernier cri", et donc incapable d'enregistrer toutes les images de manière optimale, je vous suggère d'acheter une caméra vidéo. Oui ! Aujourd'hui, la technologie a fait de grands progrès et il est possible de trouver des appareils bon marché, à partir de 40-50 €, qui vous permettent de capturer chaque moment amusant et chaque nouvelle situation avec votre enfant en résolution 4k.

Les critères de choix en matière de caméra sont les mêmes que pour un téléphone portable, mais il faut tenir compte de la robustesse et de la capacité de grossissement optique (et non numérique).

Vous serez alors prêt à immortaliser seconde par seconde, minute par minute, les moments que vous souhaitez. Dans ce cas, notre conseil est le suivant :

- **Les occasions :** les anniversaires, les fêtes et les baptêmes sont incontournables, du moins dans les secondes officielles de célébration et les plus significatives.
- **La vie quotidienne :** des événements imprévisibles et insolites se produisent souvent en quelques instants, qui peuvent encore être drôles des années plus tard. Essayez de garder la caméra vidéo à portée de main. Ensuite, enregistrez surtout les moments où vous le nourrissez, où il est changé par sa mère sur la table à langer, où il prend son bain et où il essaie de ramper ou de marcher. Vous ne le regretterez pas !
- **Le cadrage :** filmez le petit non seulement depuis les "sommets du Mont Blanc", mais aussi jusqu'à son niveau. Prenez des photos à la hauteur de ses yeux pour qu'il n'ait pas toujours l'air plus petit et trapu qu'il ne l'est dejà !

Il vous faudra très peu de temps le soir pour transférer les photos et vidéos archivées sur votre ordinateur à titre de sauvegarde.

La forme physique de votre partenaire

La grossesse avant et l'accouchement après peuvent mettre à rude épreuve la condition physique de votre partenaire. Elle peut se sentir épuisée, fatiguée ou stressée. Pour toutes ces raisons, elle peut avoir besoin de plus de temps pour elle, pour pouvoir se reposer et recharger son énergie pour s'occuper de votre bébé.

Il est possible qu'elle ne prenne plus soin de son corps, et présente des signes tels que :

- transpiration excessive
- acné
- manque d'appétit
- vertiges
- contractions utérines
- bouffées de chaleur
- augmentation ou diminution de la fréquence cardiaque régulière
- douleur aux seins
- engorgement des seins
- mamelon rhagique
- crampes abdominales
- engourdissement ou picotement des mains
- irritation ou saignement vaginal
- urination douloureuse
- constipation ou hémorroïdes
- douleurs dans les jambes et pieds gonflés

En fait, cette période de négligence et de changement a un nom spécifique et s'appelle puerperium, c'est-à-dire le retour progressif de l'appareil génital à son état anatomo-fonctionnel d'avant la grossesse. Cette période dure potentiellement jusqu'à 6 semaines, et implique totalement la femme, y compris sur le plan psychologique.

La vie a changé. Ses et vos priorités ont changé. Il est nécessaire de se réunir pacifiquement, en recherchant la compréhension mutuelle et la patience, car tout est nouveau pour vous deux. D'autant plus qu'il existe un risque possible que ce changement hormonal drastique entraîne une dépression post-partum, un état qui commence quelques jours après l'accouchement et qui se termine généralement, alors que dans d'autres cas, il ne se termine pas. Si, au cours des 10 à 15 premiers jours, vous remarquez une présence continue de mélancolie, de tristesse et d'irritabilité, vous devez faire preuve de la plus grande prudence et de la plus grande attention : la mère peut avoir besoin de consulter un professionnel pour que cette souffrance soit résolue au plus vite et ne s'aggrave pas.

L'allaitement

La question se pose souvent de savoir quel type d'alimentation, sein ou biberon, est le meilleur. Avant d'aborder le sujet, il convient de préciser que, quelle que soit la voie choisie, votre bébé ne subira aucun bouleversement excessif et grandira de toute façon de la meilleure façon possible.

Cela dit, je crois pouvoir affirmer, en accord avec les pédiatres et les nutritionnistes, que le lait maternel est l'aliment à privilégier : il est riche en acides gras polyinsaturés, en protéines, en fer et en autres minéraux. Il est vrai que l'on peut aussi opter pour un substitut artificiel qui est tout aussi bon d'un point de vue nutritionnel, surtout si la mère ne peut pas allaiter, ce qui change c'est la composition. Le lait artificiel ne contiendra jamais les substances bioactives et immunologiques nécessaires au développement des premiers anticorps et à la mise en route des défenses immunitaires du bébé.

On dit en effet que le lait maternel est **"spécifique à l'espèce"**, c'est-à-dire biologiquement adapté à l'homme. L'avantage est donc purement lié à son rôle de protection et de défense du bébé contre les premières formes d'infections bactériennes et virales, responsables, dans les premiers mois, de nombreux soucis tels que fièvre élevée, frissons et toux. Le moyen de prévenir, non pas tant leur apparition, mais plutôt leur intensité et leur durée, est donc l'ingestion de lait maternel.

D'autres mérites sont incontestables :

- La commodité : le lait maternel est préchauffé, préemballé et prêt à être utilisé.
- Le coût : il est indéniable que le lait produit n'a pas de prix, à moins que la mère ne décide de créer une entreprise pour quelques mois.

- L'odeur : apparemment, les couches des bébés allaités n'émettent pas de puanteur, probablement en raison d'une adaptation biologique pour ne pas attirer les prédateurs.
- La tolérance : les nourrissons présentent beaucoup moins de régurgitations.
- La récupération post-partum : l'utérus se contracte plus rapidement pour retrouver sa taille initiale et permet également à la mère de réduire plus rapidement les kilos accumulés pendant la grossesse.

La mère pensera le plus souvent qu'elle pourra toujours répondre à la demande de lait du bébé, mais en réalité elle constatera que c'est extrêmement compliqué et même douloureux. Deux vérités s'ouvrent ici :

1) les enfants "privés de lait".
2) les enfants "assoiffés de lait"

L'allaitement commence quelques jours après la naissance et se poursuit jusqu'au 9ème ou 12ème mois suivant. Dans le premier cas, les facteurs psychologiques tels que l'anxiété et le stress seraient dus à la peur de ne pas pouvoir satisfaire complètement le bébé, et pourraient ainsi affecter la production naturelle. Si la mère est initialement très heureuse de garder le bébé pour elle, même en se justifiant de devoir l'allaiter, elle devra y réfléchir. Les heures que la petite passe à se nourrir sont vraiment longues et fatigantes et provoquent parfois des douleurs.

La deuxième possibilité est exactement l'inverse : le bébé semble se détourner du sein et ne veut pas "prendre le sein". La turgescence, la rougeur, l'œdème, doivent être pris en charge. Le tire-lait s'avère fondamental pour éviter l'apparition de pathologies telles que l'engorgement et les mastites.

Les termes à connaître pour ce sujet sont :

- **Le colostrum :** un liquide jaunâtre appelé " premier lait " qui jaillit du sein dans les jours qui suivent la naissance, avant l'arrivée du lait proprement dit. Sa couleur ne doit pas inquiéter, car le colostrum contient en fait de nombreuses vitamines essentielles et des anticorps de grande valeur biologique.
- **L'engorgement :** accumulation de lait résiduel dans la mamelle qui provoque une gêne, des rougeurs, des douleurs lancinantes et même des épidémies bactériennes si elle n'est pas traitée. Les remèdes consistent en un allaitement correct du nourrisson avec un soutien-gorge de maintien si nécessaire et une extraction au moyen d'un tire-lait. Accompagner de compresses chaudes appropriées à masser sur le sein avant la tétée, ou de compresses froides immédiatement après, pour réduire la tension locale du sein.
- **Le nodule :** un épaississement ou une protubérance douloureuse arrondie, dure et élastique, située à la surface du sein. Elle est découverte par auto-examen ou par un examen médical objectif, qui détermine la cause néoplasique, ou simplement inflammatoire chez les mères qui allaitent. Dans cette dernière forme bénigne, les seins doivent être vidés régulièrement, massés et des pommades adaptées appliquées pour libérer les canaux galactophores.
- **La mastite :** un processus inflammatoire de la glande mammaire, qui peut être aigu et temporaire, ou chronique et plus bénin. La première survient pendant la lactation, tandis que la seconde peut avoir des causes hormonales ou autres. Elle se manifeste par une turgescence, des brûlures et même une forte fièvre. La prévention est fondamentale : le bébé doit prendre le sein correctement et vider un sein à la fois. Si nécessaire, le traitement se fait alors par antibiotiques.

- **Le coussin d'allaitement :** en forme de fer à cheval, il soutient le torse du bébé pendant la tétée et le prépare ensuite à maintenir une position assise sans basculer.

Le mot d'ordre est de rester calme ! Votre partenaire a peu de chances de rester lucide et calme face à d'éventuels cas, sans doute aussi en raison des nombreuses nuits tardives passées à allaiter.

Vous, par contre, qui n'avez pas allaité, (et qui n'avez donc pas le pouvoir), que vous ayez dormi ou non n'a aucune importance ! Vous aurez la tâche de raisonner et de comprendre réellement avec ces hypothèses, s'il s'agit effectivement d'une complication rare, ou si vous commencez simplement à entrer dans la perspective de ce que signifie être un partenaire et un père craintif.

La régularisation du processus de production et de consommation se fera automatiquement : le bébé appréciera le lait ou calmera son appétit, et la tétée ainsi équilibrée permettra à la mère de ne pas avoir de problèmes et de rester calme.

Dès que votre partenaire commence à allaiter, ses seins peuvent devenir un lointain souvenir pour vous. Ne vous inquiétez pas. C'est une phase passagère, bientôt tout redeviendra comme avant !

Je sais combien il peut être difficile de rester distant et indifférent à l'égard des seins de votre partenaire ; après tout, pendant l'allaitement, ils vont grossir en raison du besoin qu'ils ont maintenant de contenir le lait et, bien sûr, cela ne fait que les rendre plus attrayants.

En outre, vous pouvez éprouver un sentiment de petite jalousie à son égard : l'attention est maintenant dirigée vers le bébé, mais cela ne signifie pas qu'il ne s'occupe plus de vous. Bien que cela puisse paraître évident, je tiens à souligner que votre rôle de père est tout sauf moins important que celui de mère. Anatomiquement, c'est vrai, il ne vous est pas possible de produire du lait, mais cela ne signifie pas qu'il s'agisse en soi d'une fonction réservée.

Les études menées sur le sujet suggèrent, en effet, que la coopération du papa pendant l'allaitement est indispensable pour qu'il soit réellement efficace. Alors que pouvez-vous faire pour aider ?

- Démontez, stérilisez et remontez le tire-lait ;
- Aidez votre partenaire si elle ressent un inconfort, par exemple en préparant des compresses chaudes pour soulager les tensions et l'engorgement des seins ;
- Restez à ses côtés également pendant l'allaitement nocturne, en rapprochant le bébé d'abord d'un sein, puis de l'autre, et en le changeant pour le remettre dans son lit.
- Tenez le bébé après la tétée pour stimuler le rot

D'une part, il s'agira certainement d'une expérience enrichissante qui vous préparera à l'utilisation éventuelle du biberon ; d'autre part, vous pourrez même retrouver l'accès au sein tant désiré.

Les techniques de rots

L'une des tâches que vous devrez apprendre le plus est précisément celle de faire le rot. Entendre ce rugissement magique vous donnera certainement un sentiment de gratification pour avoir pu apporter une contribution concrète. Comme je l'ai mentionné dans le paragraphe précédent, cela donnera un signal clair à votre partenaire et vous donnera le sentiment de faire partie intégrante de ses soins.

Afin d'obtenir le résultat souhaité, vous devez faire attention à l'une des manœuvres possibles suivantes :

A. Tenez un bras sous les fesses du bébé et posez sa tête sur votre épaule ; le bras libre doit être utilisé pour masser son dos, en le tapotant doucement à intervalles réguliers ;
B. Placez le bébé sur vos genoux, le corps tourné vers l'extérieur. À ce stade, penchez votre bébé vers l'avant et placez une main entre son menton et sa poitrine ; l'autre main servira à le pousser à faire son rot, en veillant toujours à soutenir sa tête.
C. Placez toujours votre enfant sur vos genoux, mais cette fois sur le ventre. Il doit poser sa tête sur un genou et son ventre sur l'autre. Tenez ensuite une main sur ses petites fesses tout en tapotant son dos avec l'autre.

Dans les trois cas, n'oubliez pas de soutenir sa petite tête du mieux que vous pouvez ; plus tard, lorsqu'il sera capable de tenir sa tête toute seule, vous pourrez ajouter l'option **D.** Cela consistera d'abord à tenir le bébé sur ses jambes et à le saisir par les aisselles ; puis à le faire marcher comme s'il dessinait un cercle. De cette façon, le mouvement de rotation qui vient d'être décrit permettra aux bulles d'air de remonter à la surface, limitant ainsi la tendance à la régurgitation.

Utilisez la technique la mieux adaptée à votre cas particulier pour lui faire digérer deux fois : une fois au milieu du repas pour qu'il ait la place de finir sa ration ; la seconde fois pour la fin. N'oubliez pas de porter des vêtements de maison ou de seconde zone, car il y aura certainement quelques événements plus sales.

La première rechange du bébé

Apprendre à changer la couche de votre bébé est d'une importance capitale. Les gestes maladroits provoquent non seulement des taches désagréables sur les vêtements et leur environnement, mais aussi des irritations cutanées.

Pour commencer, vous aurez certainement besoin : d'une couche propre, de lingettes humides au pH neutre, d'une serviette et, bien sûr, de la table à langer ou d'une autre surface plane et propre sur laquelle poser le bébé.

Ce que vous devrez faire, c'est être ordonné :

1. Placez le bébé sur la table à langer en soutenant son dos.
2. Relevez ses jambes, en utilisant vos doigts. Le pouce et l'index sur une cheville, et le reste autour de la seconde.
3. De votre main libre, placez déjà la nouvelle couche sous l'ancienne, au cas où le bébé déciderait de vous faire une mauvaise surprise pendant le change.
4. Ouvrez et retirez la couche souillée des fesses du bébé, puis fermez-la à l'aide des liens adhésifs.
5. En continuant à le tenir par les chevilles, nettoyez maintenant toute la zone anale, périanale, pubienne ou vaginale avec les lingettes pour éviter les infections.
6. Enfin, fermez la couche avec les bandes adhésives pratiques sur les côtés.

Pour vérifier que tout s'est bien passé, vous pouvez effectuer le test des deux doigts : il doit y avoir suffisamment d'espace entre la peau du bébé et la couche pour insérer au moins deux doigts, sinon cela signifie que la couche a été trop serrée.

Vivre avec des animaux de compagnie

Si quelqu'un vous a suggéré d'éloigner vos animaux de compagnie en vue de l'arrivée du bébé, il a tort. Certes, un nouvel équilibre devra être établi, mais rien n'est impossible. Commençons par examiner la relation avec le meilleur ami de l'homme.

Votre chiot ou grand chien vous reconnaît comme le mâle alpha de la famille, ce qui lui confère l'autorité nécessaire ; le même principe s'applique à votre femme, qui la considère comme la femelle alpha. Ce postulat est basique : les chiens apprennent par association, il suffira donc de s'assurer que votre nouveau-né est identifié comme appartenant à la même meute. Des stratégies concrètes peuvent être appliquées pour encourager le schéma stimulus-réponse avant et après la naissance. Oui, même si cela semble exagéré, de nombreux éducateurs canins s'accordent à dire que même la période précédant la naissance du bébé peut être utilisée pour habituer votre chien. Voyons en détail comment.

Avant l'arrivée du bébé :

- **L'enregistrement :** commencez à faire écouter à votre chien le son des pleurs d'un bébé 30 jours avant la naissance, afin qu'il soit préparé à ce bruit particulièrement fort et aigu.
- **La poupée :** créez une marionnette qui reproduit les traits de votre futur enfant, sinon vous pouvez l'acheter : on trouve facilement des poupées réalistes même dans les boutiques en ligne. Faites semblant de le changer, de le nourrir, de lui chanter une chanson et de l'endormir pour que le chien puisse comprendre la nouvelle structure familiale.
- **L'éducation :** apprivoisez votre chiot si vous ne l'avez pas encore fait. Il est important d'apprendre les principaux commandements tels que : "Stop !" - "Assis !" - "Couché !" - "Couché !" etc.

Assurez-vous ensuite, par une visite chez le vétérinaire, qu'avant l'arrivée de votre progéniture, celle-ci dispose encore de vaccinations valides et est exempte de parasites de toute sorte.

Après l'arrivée du bébé :

- **Post-hospitalier :** en raison de la séparation forcée qu'il a subie, il sera certainement ravi de vous revoir. Après les célébrations appropriées, mettez-le en liberté pendant quelques heures et gardez une distance d'au moins un demi-mètre avec le bébé.

- **Attention :** essayez de ne pas modifier la qualité et l'étendue de la considération que vous lui portez. Il se rendra vite compte qu'il est jeté hors de la pièce de manière injustifiée ou qu'il est perçu comme étant en retrait si, par exemple, vous déplacez la position de son bol ou oubliez de le border.
- **L'odeur :** quelques heures après l'arrivée du nouveau venu dans la maison, permettez à votre compagnon à quatre pattes de reconnaître l'odeur du bébé à partir de ses vêtements. Prenez un vêtement que le nouveau-né a déjà porté et mettez-le en évidence pour lui.
- **La langue :** Pendant les premiers mois de cohabitation, il est essentiel que le chien ne lèche pas votre bébé, notamment sur le visage. La langue se retrouve dans les endroits les plus sales et les plus impensables, ce qui met à rude épreuve le système immunitaire encore fragile et sous-développé de votre bébé.
- **La présence :** soyez toujours auprès de votre chien pour suivre ses déplacements et éviter ainsi qu'il ne soit laissé seul avec le nouveau-né.

Soyez prêt à réprimander votre animal si nécessaire, afin qu'il apprenne exactement quel comportement est incorrect, mais de la même manière, félicitez-le et récompensez-le s'il s'est comporté de manière plus appropriée qu'auparavant. Si tout se passe bien, le chien et l'enfant deviendront des amis inséparables.

En ce qui concerne les chats, les mêmes préceptes s'appliquent. Ce dernier, par contre, vous causera plus de problèmes. Les chats sont instinctivement curieux et attirés par les corps chauds et les objets en mouvement, de sorte que la leçon de ne pas se laisser seul s'applique plus que jamais. Par inadvertance, en quelques secondes, le chat pourrait mordre, griffer ou même étouffer l'enfant. L'expérience nous apprend qu'on ne sait jamais. Même les parents les plus responsables ont dû reconsidérer des situations et des épisodes incroyables qui se sont produits.

Cela dit, le chat a besoin d'observer et de sentir le bébé de plus près : tenez le bébé dans vos bras et, avec toute l'attention requise, laissez-le sentir. Une fois qu'il sera devenu familier, il le traitera probablement comme s'il s'agissait d'un jouet : pour cette raison, vous devez y consacrer tous vos efforts et tous vos soins.

Une autre réserve doit être faite pour le lit d'enfant et le lit de bébé. Comme les chats aiment sentir la chaleur humaine, ils peuvent décider de sauter le pas et de se blottir amicalement à l'intérieur, près du nouveau-né (voire sur lui). Inutile de dire que la scène semble amusante et amicale, mais c'est un comportement qu'il ne peut garder et donc une règle ferme qu'il ne peut oser contourner. Si, lors de ses premières tentatives, il ne perçoit ses actes téméraires que comme une "réprimande", sa curiosité innée peut l'inciter, tôt ou tard, à tenter de franchir à nouveau la barrière.

Pour éloigner les chats du lit de bébé, il existe deux moyens utiles :

Les objets gênants : placez sur le lit du bébé un objet qui peut être irritant et gênant pour le chat. Par exemple, recouvrez le lit d'enfant de ruban adhésif double face, afin que le bout de ses doigts s'y colle ; ou couvrez le matelas de papier d'aluminium, afin que le bruit désagréable produit par sa rencontre fasse renoncer le chat à tous ses objectifs.

La couverture : couvrez le lit d'une grande moustiquaire, ou de tout autre dispositif auquel vous pensez et qui peut constituer une barricade entre le chat et le bébé.

Après un certain temps, le chat apprendra également à comprendre quels sont les espaces auxquels il peut accéder et ceux qui lui sont refusés. Attention : la propension à l'intrusion, à la désinhibition et à la curiosité demeurera. À tout le moins, le nombre de ses expériences diminuera considérablement. En même temps, il consolidera son affection pour le petit être de sa taille.

À la découverte des cinq sens

Vous avez déjà diverti votre petit en stimulant ses réflexes, je vous présente maintenant des jeux auxquels vous pouvez jouer avec lui pour développer ses cinq sens. Le seul moyen est de lui montrer des objets et d'attendre sa réponse : les nourrissons apprennent selon un mécanisme de stimulus-réaction. Si vous remarquez que sa tête bouge, que ses yeux vous fixent ou qu'il reste silencieux, cela signifie qu'il vous écoute. Voici ce dont il s'agit :

1. **LA VUE :** Les yeux détectent les objets à une distance d'au moins 25 cm du visage, mais ne discernent pas les couleurs.
2. L'exercice consiste à tenir un paquet de cartes, duquel on retire ensuite les couleurs sombres, c'est-à-dire les trèfles et les piques. Montrez-le-lui en un seul morceau, puis refermez-le et n'ouvrez que la dernière main de cartes. Essayez ensuite de mettre les cartes dans l'ordre numérique pour voir si l'expression change si vous faites une quinte.
3. **L'OUÏE :** les bébés distinguent davantage les sons aigus, c'est aussi pourquoi vous vous adressez à eux en faisant des petites voix. En pratique, placez le bébé sur le côté et voyez alternativement comment il se comporte si vous froissez quelques sacs en plastique, ou si vous secouez un bocal de noix, ou un trousseau de clés. Il doit se déplacer dans la direction du bruit.
4. **LE TOUCHER :** c'est le premier sens qu'ils développent dans le ventre de leur mère, de sorte que la paume de la main, la plante du pied et la bouche sont déjà très sensibles. Essayez ensuite de stimuler les autres parties du corps. Préparez des objets de différentes matières avec lesquels vous pourrez le masser : éponge, cravate, fourrure, gant de laine, etc. Voyez comment il réagit à chacune d'elles, puis essayez de souffler sur lui à la place.

5. **L'OLFACTION :** un autre sens déjà fin dès les premiers jours de la vie, qui identifie bien l'odeur du lait maternel. Voyez comment il réagit si vous placez des aliments à forte odeur sous son nez, comme du fromage, du poisson, des oignons ou des cornichons.
6. **LE GOÛT :** dans ce cas, le nouveau-né préférerait certainement quelque chose de sucré comme le lait maternel s'il pouvait y goûter. Ce n'est qu'à partir des premières tétées plus "solides", puis progressivement au cours de sa croissance, qu'il prendra conscience de l'existence des goûts amers, salés, acides, etc.

Enfin, essayez un dernier test en ce qui concerne la vision. Montrez à votre enfant les visages suivants et vérifiez s'il a tendance à s'attarder sur celui qu'il reconnaît. Cela donnera peut-être une toute petite indication sur son caractère artistique et optimiste, ou scientifique et réaliste.

"Mon pere m'a fait le plus beau cadeau qu'on puisse faire a quelqu'un : il a cru en moi."

Jim Valvano

Les trois premiers mois de vie

Les premiers mois en tant que nouveau père sont peut-être les plus difficiles à gérer. Il ne fait aucun doute que vous éprouverez de nombreuses émotions contradictoires qui perturberont votre vie.

Au début, vous serez entouré de personnes enthousiastes et curieuses qui vous accorderont de l'attention et des cadeaux ; tout vous semblera simple et fantastique. Mais bientôt, l'euphorie fera place à la réalité quotidienne, faite de votre enfant qui n'arrête pas de pleurer, de changements de couches et d'aide à l'allaitement. La dimension antérieure n'existera plus, et vous n'aurez même pas la présence constante d'amis et de parents prêts à vous encourager. Vous serez assailli par des pensées telles que :

"L'enfant ne ressent rien pour moi, il ne peut pas être mon fils".

"Je ne peux pas supporter cette responsabilité"

"Je n'ai pas de sens paternel"

"Je ne pourrai plus travailler correctement et je tomberai en ruine".

"Je ne ferai plus l'amour"

"Je ne pourrai plus faire de sport".

"Je ne sortirai plus avec mes amis comme avant".

Vous pouvez alors ressentir un grand découragement : un peu comme si votre ancienne routine vous avait été arrachée et remplacée par une autre caractérisée par des moments de frustration. Il est plausible qu'au cours des deux premières semaines suivant l'accouchement, vous puissiez même vous sentir anxieuse ou ressentir un fort état d'agitation. Il n'y a rien d'étrange à cela : l'anxiété est un trouble naturel, une manifestation du malaise, et il est de la plus haute importance de la comprendre et de la gérer afin qu'elle ne vous submerge pas.

Vous ne devez pas laisser ces sentiments négatifs vous isoler, dans une tentative inconsciente de ne pas accepter la nouveauté et de fuir les nouveaux problèmes et soucis.

Tous les pères du monde ont emprunté cette voie et, pour la plupart d'entre eux, cette période n'a duré que trois mois au maximum. Par la suite, vous serez certainement en mesure de surmonter les difficultés : l'enfant aura tendance à dormir davantage, vous vous sentirez plus à même d'intervenir de la bonne manière, et vous constaterez également de plus en plus de points positifs.

Une nouvelle forme de sentiment sera créée, qui vous fera vous sentir satisfait de vous-même et des choses que vous faites chaque jour.

Toutefois, si cette période devait se prolonger, le conseil est d'en parler ouvertement avec vos amis ou votre partenaire. N'oubliez pas que vos proches vous aiment et que, même si vous ne pouvez pas les voir aussi souvent qu'avant, ils seront prêts à vous écouter et à vous apporter le meilleur soutien possible.

N'ayez pas peur que quelque chose ne se passe pas comme vous le souhaitez ; vous pouvez envisager de faire appel à un professionnel qui pourra aller au cœur du problème et vous guider dans la bonne direction.

Les sautes d'humeur de la maman

Votre partenaire ne sera pas exempt des mêmes émotions mitigées. Immédiatement après l'accouchement, les hormones sont déchaînées et ont donc une raison de plus de faire des ravages dans sa tête. Au cours des premiers jours de la vie du bébé, la mère éprouve un état émotionnel de profonde tristesse et de fatigue, appelé **"maternity blues"** ou "syndrome du troisième jour". Au cours de ces semaines, la femme manifeste de fréquentes sautes d'humeur qui s'accompagnent d'anxiété, d'inquiétude persistante et se traduisent par des crises de larmes.

"Est-ce que je me débrouille bien ?"
"L'enfant est-il en bonne santé ?"
"Serai-je capable de m'occuper de lui ?"

Ce ne sont là que quelques-unes des questions que peut se poser la nouvelle maman, qui ressent ainsi de l'impatience dès qu'elle doit se réveiller à plusieurs reprises pendant la nuit, insister pour nourrir le bébé, etc. C'est un état inconfortable qui touche trois femmes sur quatre, et qui n'est pas aidé par le stéréotype social selon lequel la mère vit l'événement de manière exclusivement heureuse.

Elle dure généralement de quelques jours à un mois. Afin d'obtenir une amélioration progressive, il est important que vous la laissiez libre d'exprimer ses sentiments, sans se réprimer. Cette amélioration progressive vous amène à relever un défi tout aussi ardu : l'acceptation de ses débordements illégitimes, l'écoute, l'affection et la tolérance.

Si vous pensiez connaître votre femme en période prémenstruelle, vous allez être confronté à un véritable ouragan imprévisible. Il peut arriver qu'elle se mette à crier parce que vous avez égaré la couche, vous accusant de ne pas être utile. On peut vous envoyer faire les courses, mais dès votre retour, on vous reproche de ne pas être assez proche d'elle, et ainsi de suite. Rappelez-vous que la plupart de ses réactions ne dépendent pas de sa volonté. Considérez cette condition temporaire comme le prix à payer pour ne pas être passé par toutes les phases délicates et douloureuses de la grossesse d'abord et de l'accouchement ensuite.

Voici quelques stratégies simples pour vous faciliter la tâche :

1. Écoutez et ne faites pas de commentaires

Garde tes oreilles ouvertes mais ta bouche fermée. Ce conseil peut sembler stupide et trivial, mais il est bel et bien vrai : les hommes sont plus pragmatiques et ont tendance à chercher une solution lorsqu'ils sont confrontés à un problème, mais ce n'est pas ce dont votre partenaire a besoin en ce moment. Pour l'instant, elle n'a pas besoin de quelqu'un qui lui apporte une solution à tous ses problèmes, mais d'une personne qui se tient à ses côtés, qui éprouve de l'affection pour elle et qui la soutient.

2. Accepter et ne pas répondre

Vous risquez d'être couvert d'épithètes dont elle aura du mal à se souvenir quelque temps plus tard. Ne vous inquiétez pas et ne vous mettez pas en colère : vous devez essayer de comprendre son état émotionnel et ce qu'il veut vraiment vous communiquer. Notez secrètement les épithètes que vous recevez, afin qu'il remarque à l'avenir combien son attitude était farfelue.

3. Faites ce que vous pouvez par vous-même

Préparez-vous psychologiquement à vous charger soudainement d'une multitude de responsabilités, car votre partenaire sera "inapte" pendant un certain temps. Effectuez toutes les tâches ménagères nécessaires et prenez soin du petit, car il n'est pas rare que la maman ait besoin de se reposer et de dormir pendant quelques heures. Demandez l'aide de la famille et ne lésinez pas sur la livraison des repas à domicile.

4. Distrayez-la

L'activité physique est essentielle pour se remettre en forme : elle libère des endorphines qui aident à retrouver la bonne humeur. Un isolement strict et prolongé, en revanche, est contre-productif et provoque de nouvelles sautes d'humeur. Un changement d'environnement vous permettra de vous détendre et de vous relaxer, et comme votre nouveau-né peut être facilement transporté dans un landau, vous pouvez en profiter pour faire une promenade ensemble dans les environs. N'oubliez jamais ceci.

5. Appréciez-la

Faites en sorte que votre femme se sente désirée, car il peut arriver qu'elle pense que son corps n'est plus aussi attirant qu'avant. Essayez de lui accorder la même attention qu'auparavant, en la félicitant et en la faisant se sentir aussi unique qu'aux premiers jours.

Vous devez être conscient que cette phase peut être critique, surtout pour un premier parent. Le conseil est de serrer les dents, de s'en sortir et de faire ce que l'on peut pour traverser cette phase difficile.

Ne remettez pas votre partenaire en question, ne l'accusez pas, essayez de comprendre son état psychologique et soutenez-la sans la juger. Un jugement négatif ne fait qu'aggraver une situation déjà délicate.

Cependant, il existe aussi un syndrome plus grave, appelé dépression postnatale. Si les symptômes décrits persistent pendant plus d'un mois, invitez votre partenaire à consulter sa sage-femme. Ne lui mettez pas trop de pression ; accompagnez-la vous-même et calmez-la autant que possible, en lui rappelant qu'il s'agit d'une perturbation temporaire. Une fois cette période passée, elle sera en mesure de profiter davantage des moments passés avec votre bébé.

Le bain

Pour donner le bain au bébé, il faut une personne à la main et aux nerfs solides - un défi parfait pour un papa ! Même si, dans l'imagination, l'opération peut sembler amusante parce qu'on pense à se laver avec son bébé, nous n'en sommes pas encore là. Le bébé est encore un nourrisson qui passe la journée à dormir, à gémir et à pleurer, mais surtout, dans ce cas, à se salir. La bonne odeur se transforme rapidement en une désagréable puanteur de lait caillé. Il est conseillé de le laver quotidiennement avec des produits spécifiques et doux. Si sa peau présente des signes de déshydratation ou des rougeurs, vous devez réduire la fréquence et consulter votre médecin.

Tout d'abord, il faut savoir qu'après le sectionnement du cordon ombilical, le bébé se retrouve avec un moignon de quelques centimètres qu'il ne faut ni tirer ni enlever. Il faut quelques jours pour qu'elle guérisse et subisse une dessiccation, également appelée momification en raison de sa coloration verte et brune. A ce stade, après un lavage soigneux à l'eau et au savon, le nettoyage implique :

- Lavez le bébé à l'eau courante en utilisant des éponges non abrasives, en évitant de l'immerger dans l'eau pour ne pas contaminer le moignon.
- Gardez la zone propre et sèche à tout moment, en faisant attention à tout changement de couche souillé par des matières fécales.
- Il suffit d'envelopper le moignon avec de la gaze sèche et stérile.
- Évitez de trop envelopper la couche ou de porter des vêtements trop serrés pour ne pas comprimer le moignon.
- Prévoyez une dizaine de minutes entre chaque changement de couche pour qu'il puisse s'aérer le plus possible.

La peau du bébé est délicate et, contrairement au passé, on n'utilise plus de désinfectants ou d'alcool, ce qui ne fait que réduire le temps de guérison. Au 14e jour, le moignon tombe spontanément, formant l'ombilic.

A ce stade, nous passons à la phase 2 : le bain. Equipez-vous d'une baignoire spécifique pour bébé, d'un grand seau en plastique, d'un gobelet en plastique, de quelques lingettes, de shampoing et de savon pour les bébés et d'une serviette à garder à portée de main pour vous envelopper lorsque vous avez terminé. Vous devrez mettre l'eau dans le seau, la récupérer avec le gobelet en plastique et baigner lentement le bébé savonné, de manière à le protéger des jets d'eau directs du robinet.

Il existe différents types de baignoires sur le marché, chacun selon l'inclinaison caractéristique du parent. En particulier, on peut trouver:

Une bassine de plancher :

Elle est placée sur le sol de la salle de bain, après avoir placé de préférence quelques sacs poubelle en dessous et autour. Elle convient aux parents plus craintifs qui ont peur de ne pas avoir assez de place pour se déplacer dans la baignoire. Protégez vos genoux avec des coussins.

Une bassine de baignoire :

Elle s'adapte à l'intérieur de la baignoire afin d'éviter les éventuels dépôts sur le sol. En général, cependant, elle vous oblige à incliner votre dos depuis l'extérieur de la baignoire, ce qui augmente la fatigue lors du lavage. Sinon, vous pouvez vous tenir à genoux à côté du bébé, mais vous serez certainement mouillée.

D'autres outils pratiques à considérer sont :

Un coussin rembourré : il est placé au fond de la baignoire, puis imbibé d'un peu d'eau tiède. Il permet de tenir le bébé plus aisément, de maintenir sa tête droite et de transmettre de la chaleur.

Le porte-bébé : une sorte de matelas dont les bords et la tête sont plus rembourrés, ce qui permet au bébé d'éviter de glisser et de rester plus fermement en place. Il peut être retiré de la baignoire pour augmenter sa capacité à mesure que le bébé grandit.

Une baignoire à rebond : il s'agit d'un plan incliné recouvert d'un revêtement antidérapant qui est placé à l'intérieur de la baignoire ou du lavabo. Une solution très pratique, amovible et transportable qui augmente la friction entre le bébé et la surface, simplifiant ainsi toute la procédure de lavage.

Un gant : on le trouve dans les meilleurs magasins de puériculture et il permet une prise en main plus sûre qu'une simple main nue. Vous pouvez également opter pour une solution de bricolage en prenant une chaussette et en y faisant un trou pour le passage du pouce. Ainsi, vous aurez toujours une bonne sensation et une bonne manœuvrabilité.

Maintenant que nous savons ce que nous devons nous procurer, passons à la phase pratique, à savoir comment lui donner son bain :

1. Versez 10 cm d'eau dans la bassine et un peu plus dans le seau, en veillant à ce qu'elle soit plus que tiède. Testez avec un coude pour vous assurer qu'elle n'est pas bouillante pour vous, et donc pour le bébé.
2. Retirez délicatement le pyjama ou la grenouillère que portait le bébé et placez-le avec précaution dans la baignoire. Placez une lingette pour bébé sur les deux épaules, puis versez l'eau du seau, en tenant toujours sa petite tête d'une main.
3. Prenez un gant de toilette propre pour nettoyer ses yeux, son front, son nez, ses oreilles et son cou. Ce dernier, en particulier, s'avère être un havre pour les saletés de toutes sortes, comme les peluches et les restes de lait rance.
4. Prenez un nouveau gant de toilette et répétez l'opération sur les bras, les jambes, la poitrine, les aisselles, le nombril et les genoux.
5. Faites bien mousser sur les plis de la peau où la saleté s'accumule et doit être éliminée pour éviter les infections. Puis faites de même dans la zone des couches.
6. Rincez avec l'eau du seau et le gobelet de résidus.

Pour le bain de sa petite tête en revanche, il est conseillé de:

1. Emmaillotez soigneusement le bébé dans la serviette de façon à ce que seule la tête dépasse. Tenez bien le bébé, son dos sur votre avant-bras, ses petites jambes dirigées vers votre coude et sa tête posée sur votre main.
2. Couvrez ses yeux avec un gant de toilette sec et commencez à tremper doucement sa tête avec l'eau de la tasse.
3. Prenez trois cuillères à café de shampooing adapté et massez doucement le bout de ses doigts tout en soutenant sa tête.
4. Rincez-le lentement, afin que l'eau coule sur le cuir chevelu mais ne finisse pas sur les yeux.
5. Enveloppez le bébé dans la serviette et frottez-le soigneusement.

Certains bébés présentent la **"croûte de lait"**, un trouble néonatal appelé dermatite séborrhéique. Elle se manifeste par des signes évidents de desquamation, des croûtes grasses jaunes, par endroits sur le cuir chevelu, notamment sur le sommet du crâne. Un état général de desquamation qui peut également se produire sur d'autres parties du corps : oreille, sourcils, paupières, menton, front, zone périgénitale. Elle ne provoque heureusement aucune gêne pour le bébé et tend à disparaître d'elle-même en l'espace de trois mois.

Vous pouvez favoriser sa guérison en massant la peau avec de l'huile minérale ou de la vaseline à l'aide d'une brosse à poils doux.

La prise axillaire est la plus sûre lors des derniers mouvements : soutenez sa tête avec votre avant-bras et son cou avec votre poignet ; serrez la partie supérieure de son bras et son épaule, entre votre pouce et vos autres doigts. Cela permet d'éviter le risque que l'enfant glisse. Si, par malheur, vous perdez votre prise sur le bébé pendant quelques secondes, ne paniquez pas. Les bébés sont dotés du **réflexe de plongée**, une réaction automatique involontaire qui leur permet de ne pas respirer lorsqu'ils sont sous l'eau. Remontez-le et tout sera résolu, et la prochaine fois, faites plus attention à ne pas baisser votre garde.

Il peut cependant y avoir d'autres incidents désagréables qui ne sont pas de votre faute : le caca et le pipi. Eh bien, il arrivera que votre enfant, comme mécanisme d'autodéfense à l'heure du bain ou, au contraire, parce qu'il est extrêmement confortable, se laisse aller. Bien que ce soit dégradant et dégoûtant, c'est une sorte de rite de passage pour les papas. Procédez au nettoyage nécessaire, donc videz immédiatement la baignoire et rincez-la à l'eau et au savon avant de recommencer. Le pipi, en revanche, reste difficile à détecter car il est principalement composé d'eau et est donc transparent et presque invisible. Rien de grave, cependant, mais il est bon de rincer à nouveau la baignoire après le lavage pour éviter l'accumulation de microbes et de bactéries.

Les pleurs

Le nourrisson n'a pas encore les moyens de communiquer ses besoins, il fait donc le seul bruit qu'il peut, à savoir les pleurs. Comme il n'a aucune perception du temps, tous ses besoins, quels qu'ils soient, faim, douleur, solitude, sont également urgents. Ce mécanisme de survie archaïque déclenche une réaction d'alarme assez compréhensible chez le parent, comme si les pleurs étaient programmés pour susciter le réconfort et la détresse. Le corps réagit par une augmentation de la pression, un apport accru d'oxygène au cerveau et une intensification de la circulation sanguine. D'autre part, l'oreille humaine est sensible à des fréquences de 3 kHZ, soit la fréquence exacte des pleurs d'un nouveau-né.

J'ai décidé d'énumérer quelques points qui vous permettront de comprendre ce dont il a besoin à ce moment précis. Vous devrez faire très attention au volume, à la netteté et au rythme. La mémorisation de ces données vous permettra de distinguer les différents types de cris et, par conséquent, d'intervenir rapidement. Voici les 6 plus courantes chez un nourrisson :

Faim : gémissements alternant avec des pauses et devenant progressivement plus insistants et plus forts.

Sommeil : sanglots légers et laborieux, caractérisés par les petites mains qui plissent les yeux ;

Douleur : pleurs terribles et aigus qui éclatent soudainement ;

Malaises divers : crises de larmes atroces provoquées par la chaleur excessive, le froid ou même une couche souillée.

Ennui : gémissements atténués qui s'interrompent et reprennent de manière irrégulière, sans aboutir à de véritables pleurs désespérés ;

Coliques : pleurs forts qui durent quelques secondes, puis s'apaisent pour reprendre dès que le bébé a repris son souffle.

Maintenant que nous avons identifié les causes possibles, il est temps de mettre en pratique certaines techniques pour tenter de calmer les pleurs. Il faut du temps et de la patience pour que les parents et l'enfant apprennent à mieux se connaître et puissent trouver une alternative adéquate.

A. Faites le evacuer les gaz

- Mettez le bébé sur le ventre et faites-lui faire la "bicyclette", en déplaçant ses petites jambes alternativement vers votre poitrine et vers le bas.
- Asseyez-vous avec lui sur la chaise de bureau à la maison, si vous en avez une, et tapotez-lui légèrement le dos, en faisant des mouvements de va-et-vient.
- Essayez les différentes solutions homéopathiques en gouttes pour les bébés, et conseillez à la mère d'éviter les aliments qui les font fermenter, comme les légumineuses, les brocolis, les choux, etc.

- Placez le bébé sur le landau ou le lit avec la tête fermement soutenue, puis massez doucement l'abdomen.
- Tenez le bébé sur votre avant-bras, penché sur son ventre, et frottez doucement son dos.

B. Variez les scenari

- Placez l'enfant devant le miroir : voir son reflet l'enchantera et le distraira. Vous pouvez essayer la même chose avec un dessin intéressant, surtout s'il est en noir et blanc ou en rouge, couleur vers laquelle ils sont généralement plus attirés.
- Faites un tour en voiture après avoir attaché l'enfant dans le siège auto : le bruit et les mouvements de la voiture ont un effet calmant.
- Poussez-le de haut en bas dans la poussette à travers le couloir ou d'une pièce à l'autre de la maison, pour qu'il change de point de vue. Tenter ou faire la même chose en montant et descendant les escaliers.
- Passez-le à la mère pour que le bébé puisse entendre une voix, une odeur, un toucher alternatif.

C. L'effet de surprise

- Éteignez la lumière et rallumez-la quelques secondes plus tard.
- Faites-lui sentir soudainement l'eau courante à une température appropriée avec une petite main ou un petit pied.
- Imitez les bruits d'animaux ou chuchotez quelque chose pour qu'il vous écoute.
- Demandez à maman de fredonner quelque chose de doux ou essayez vous-même une danse amusante.

A. La simulation du retour dans l'utérus

- Placez votre bébé dans le porte-bébé et bercez-le délicieusement pour recréer un sentiment d'enveloppement déjà ressenti avant la naissance.

- Donnez-lui votre doigt fraîchement lavé, en veillant à ce que la paume soit tournée vers le haut afin qu'il ne puisse pas se gratter le palais. Certains bébés n'aiment pas avoir à téter, mais la tétine ne peut remplacer le doigt que lorsque l'allaitement est bien établi.
- Préparez un bon bain chaud et revigorez-le avec un son blanc apaisant.
- Emmaillotez le bébé autour d'une couverture sèche, en plaçant la nuque du bébé sur l'un des quatre coins repliés sur eux-mêmes. Vous devrez soulever et plier les autres rabats, en le passant sur sa poitrine et derrière son dos. S'il reste du tissu, glissez-le sous la partie déjà pliée de la couverture. Vous pouvez également expérimenter une alternative avec des bras libres.
- Mettez le bébé dans une poche sur votre épaule et balancez-le de gauche à droite. Une autre possibilité consiste à tenir le bébé dans vos bras ou à poser sa tête sur votre épaule et à vous balancer d'un côté à l'autre.
- De la même manière, placez un hamac au milieu et balancez-le avec deux personnes tenant fermement les deux extrémités ensemble.

Au cours des premiers mois de leur vie, les bébés, en particulier, ont tendance à être particulièrement nerveux et à gémir sans cesse, surtout l'après-midi et le soir. Ces heures correspondent peut-être à votre retour du travail, et seront certainement frustrantes : essayez de résister en sachant que les pleurs s'atténueront à partir du troisième mois de vie.

Le bébé a besoin de toute votre attention et de toute la patience dont vous pouvez faire preuve. Jusqu'au sixième mois, les pleurs ne sont jamais un "caprice", alors réconfortez-le dans vos bras et répondez à ses besoins, en attendant qu'il s'arrête de pleurer.

Dès que vous avez trouvé une solution, n'oubliez pas qu'elle est spécifique aux pleurs du moment, et qu'elle peut ne pas fonctionner les jours suivants. Modifier et tester de nouvelles techniques. Cela demande beaucoup de calme, d'abandon, de patience et de positivité.

L'importance du tire-lait

Le tire-lait s'avérera tôt ou tard un véritable soulagement, non seulement pour la mère, mais aussi pour le père.

C'est un accessoire indispensable qui vous permet d'extraire le lait maternel et de l'offrir à votre bébé à différentes occasions. Ceux-ci peuvent se produire lorsque :

- Le bébé a du mal à téter indépendamment du sein.
- L'incapacité de la mère à être présente et prête toute la journée
- Dans le cas d'un mamelon plat ou introfilé, il lui donne la possibilité de le faire saillir
- Dans les épisodes d'engorgement mammaire ou de mastite, il aide à décongestionner.
- La mère ne peut pas allaiter directement parce qu'elle doit prendre des médicaments ou pour d'autres raisons.

Dans les magasins de puériculture, vous pouvez vous faire une idée précise des différents modèles de tire-lait qui existent, chacun ayant ses propres particularités, mais se divisant essentiellement en deux catégories : électrique et manuel.

1) Les tire-lait électriques

Ils sont rapides et pratiques, souvent même équipés de doubles tubes (pour prélever dans les deux seins en même temps), comme ceux utilisés dans de nombreux hôpitaux. Ils se composent d'une partie louable, le compresseur, et d'un kit à usage personnel qui peut être acheté séparément et qui comprend toutes les parties qui entrent en contact avec le corps de la mère, garantissant ainsi l'hygiène et la sécurité. Avec ces derniers, il est possible de régler facilement l'intensité et la fréquence de chaque aspiration et de chaque cycle d'aspiration ; ils sont certes très efficaces mais chers et encombrants.

Il existe cependant une version intermédiaire, plus facile à transporter, silencieuse et rechargeable manuellement avec des piles. Certains modèles sont équipés d'un régulateur fixe, qui imite le réflexe d'éjection, c'est-à-dire ce mécanisme par lequel le premier lait est poussé rapidement vers l'extérieur, puis ralenti à des révolutions par minute à un rythme de 40-60 cycles. Les deux représentent la solution ultime pour une utilisation prolongée et constante, mais certainement un investissement à évaluer en fonction de l'utilisation spécifique.

Composants : cloche anatomique en forme d'entonnoir à placer sur le sein, tube simple ou double relié au compresseur, récipient ou biberon où va le lait.

Chaque élément individuel doit être démonté, rincé et stérilisé avant chaque nouvelle utilisation. Les tubes doivent être lavés et bien séchés au moins une fois par semaine pour éviter l'accumulation de résidus de lait concentré.

2) Les tire-lait manuels

Ils sont légers et compacts, pratiques pour le transport et peu coûteux. Ils consistent en un seul accessoire actionné mécaniquement par la mère à l'aide d'un levier ou d'un bouton. L'intervalle de force et d'extraction doit être géré de manière approximative par la mère. Généralement plus pratiques et portables, mais ils ont tendance à demander plus de temps et d'efforts pour pomper à la main, également parce qu'il faut répéter l'opération pour le deuxième sein. Certaines mères le trouvent suffisamment utile et efficace pour leurs propres besoins, d'autres lent, fastidieux et fatigant.

Le meilleur conseil pour faire le bon choix est d'évaluer

d'abord son utilisation, constante ou occasionnelle, et sa commodité, par la location dans des pharmacies spécialisées ou des magasins de puériculture bien équipés. Il s'agit en tout cas d'un produit extrêmement valable et utile à avoir à la maison, au moins dans l'option manuelle, pour sauvegarder les éventuelles occlusions que même le meilleur producteur de lait pourrait avoir pour les mois à venir.

Vous, en tant que père, avec l'aide du tire-lait et d'un parent fiable, pouvez donc tôt ou tard vous ménager un espace et un temps libre à partager seul avec maman.

En ce qui concerne le stockage du lait, il existe toutefois deux méthodes différentes :

- **La conservation à court terme** : une fois le biberon retiré de la pompe, vous devez le fermer et y coller un morceau de papier sur lequel est inscrite la date de l'alimentation. La conservation à court terme signifie que le lait doit être conservé au réfrigérateur pendant 5 jours au maximum ;
- **La conservation à long terme :** afin de pouvoir conserver le lait plus facilement, vous pouvez opter pour l'achat de biberons stérilisés à usage unique à placer au congélateur. Dans ce cas, les cubes de lait doivent être conservés jusqu'à deux mois, puis fondus avant d'être consommés.

Vous pouvez opter pour l'un ou l'autre en fonction des différentes circonstances et des besoins du petit.

Le biberon

Commencer à donner le biberon à son enfant pour la première fois est un moment important pour la plupart des papas. Cela signifie que si maman s'absente momentanément de la maison et qu'elle vous a donc confié la gestion du petit, vous pouvez également être celui qui nourrira votre enfant dès le premier mois après sa naissance. Une fois que l'enfant a appris à accepter le biberon de votre part, il aura presque certainement tendance à l'accepter de la part de tous les autres. Cela signifie que vous pouvez parfois choisir de faire appel à une baby-sitter pour passer plus de temps avec votre partenaire et retrouver ainsi progressivement l'intimité passée.

Il est bon d'essayer en temps voulu pour ne pas risquer que votre enfant s'habitue trop au sein et rejette ainsi catégoriquement le biberon.

Bien entendu, si le bébé ne prend pas immédiatement le sein, il ne faut pas se décourager. Il est important d'essayer et de réessayer d'utiliser des biberons alternatifs ou du lait à différentes températures afin de trouver celui qui convient le mieux à votre enfant.

Il est clair qu'il y a certaines procédures à suivre :

1. Le réchauffement : placez le biberon dans une casserole avec de l'eau chaude afin que, contrairement au micro-ondes, les enzymes contenues dans le lait maternel soient préservées, tout en atteignant une température homogène.
2. Test : versez quelques gouttes de lait sur le poignet de votre main pour vérifier réellement que la température atteinte n'est pas supérieure à la température du corps.
3. Préparer le terrain : étaler le lait sur l'extérieur du trayon.
4. Rapprochez le bébé : en position semi-allongée mais avec la tête bien droite, stimulez son réflexe de recherche et placez la tétine entre ses lèvres. De cette manière, le lait ne doit pas partir sur le côté et se retrouver en même temps dans ses oreilles, déclenchant d'éventuelles réactions.
5. Alimentation : inclinez le biberon de manière appropriée afin que le bébé ne " mange " pas d'air. Tenez-le pendant qu'il mange, et détachez-le du biberon petit à petit, pour qu'il puisse reprendre son souffle et bien se reposer.

6. Rotation : veillez à ce qu'il fasse des rots tous les 50 ml de lait environ, ou chaque fois que vous remarquez des signes d'échec ou de nervosité pendant la tétée.

Pour nourrir votre bébé en manque de lait même en cas d'absence de production de la mère, vous pouvez recourir au lait artificiel. Il existe sur le marché et en pharmacie des préparations de lait en poudre adaptées aux bébés, que l'on mélange en ajoutant de l'eau. L'eau, que vous allez ajouter dans une cruche propre dans laquelle vous allez le faire, doit d'abord être portée à ébullition et ainsi stérilisée. Mélanger selon les quantités indiquées et conserver jusqu'à 48 heures.

Le biberon doit également être débarrassé de tout pathogène microscopique, même inoffensif, en raison des défenses immunitaires encore innées et primordiales du bébé. Il suffit de le nettoyer à l'eau bouillante lors de la première utilisation, puis de passer à de l'eau chaude simple et à du détergent les fois suivantes.

Dormir avec le bébé

Tous les pères savent ce que signifie s'occuper d'un nouveau-né, et d'ailleurs beaucoup d'entre eux sont généralement réticents à l'idée d'un second parent. Un facteur de dissuasion majeur ne peut être que la privation de sommeil.

On pourrait parler d'un "cycle de non-sommeil du bébé", car il n'y a pas de régularité entre une nuit et la suivante : un jour, vous pourrez vous reposer et dormir quelques heures d'affilée, tandis qu'un autre jour, vous serez réveillé toutes les cinq minutes par un nouveau cri.

Le chaos est également servi par des journées qui se répètent de la même manière : des cycles de tétées, de rots, de siestes et de couches qui se succèdent sans critères précis. La fatigue s'accumule (avec la nervosité) ; le travail appelle ; la maman appelle à l'aide. Dans ce contexte de perte de patience facile, les "obligations" quotidiennes continueront et vous serez toujours appelé à préparer les repas, à prendre des douches, à nettoyer la maison, à lancer les machines à laver, etc.

Dans ce contexte troublé et difficile, examinons quelques techniques possibles à tester pour aider votre bébé à dormir :

- **Le chant :** vous êtes libre de montrer votre "talent", qu'il soit positivement sous-estimé ou que vous soyez une corde de violon cassée. Ne vous souvenez-vous pas de vous être entendu chanter avec le meilleur accent possible Alla fiera dell'est ? Essayez de créer un "pathos" et une implication chez l'enfant, en utilisant un ton de voix doux et léger (autant que vous pouvez le faire) et en le modulant vers le bas lorsque l'enfant se calme et montre des signes d'endormissement.
- **La consommation de lait :** il s'agit d'une activité extrêmement fatigante pour un nouveau-né, même si au début il semble bien intentionné. Au milieu du repas, si vous avez de la chance, vous remarquerez des signes évidents de fatigue et une expression "ivre" ; attendez quelques instants, croisez les doigts et il devrait s'endormir.
- **L'enveloppement :** la recherche de chaleur et le sentiment d'être enveloppé permettent aux nourrissons de se sentir mieux. La relaxation favorisera leur sommeil, alors essayez de les envelopper dans le porte-bébé ou le lit d'enfant, à l'aide de coussins ou de couvertures, comme si vous rouliez un kebap !
- **Le mouvement :** cela peut sembler paradoxal, mais ce n'est pas le cas. Les très jeunes enfants, avant de venir au monde, ont vécu leur existence inconsciente bercée par les mouvements constants de la mère dans le ventre de sa mère. Recréez donc cette sensation de mouvement perpétuel : une promenade dans un porte-bébé ou un

landau, une conduite lente sur les routes de campagne, ou encore un câlin dans un fauteuil à bascule électrique.

- **L'écoute des "sons blancs" :** ce type de bruit est un extraordinaire inducteur de sommeil, et tire son mécanisme de greffes humaines primordiales. Les humains primitifs, habitués à vivre dans des grottes, accroupis dans les bois, classaient involontairement les sons en dangereux et non dangereux. Ainsi, la pluie, le vent, les orages, les cours d'eau, les chutes d'eau, les chiens qui aboient au loin, selon une étude, exposent votre enfant à une probabilité jusqu'à trois fois plus élevée de s'endormir. Ne les sous-estimez pas, même pour vous, lorsque vous cherchez la paix l'après-midi contre les bruits indésirables ! Si vous pouvez utiliser des écouteurs ou des casques, il suffira à votre enfant d'avoir des enceintes qui recréent le son naturel que vous préférez. Diverses listes de lecture sont disponibles en ligne sur des plateformes telles que Spotify, YouTube et même en utilisant Alexa. Alors qu'ils disent que la technologie n'a pas fait de bonnes choses !
- **Bercer l'enfant :** le mouvement de vague le plus populaire pour un papa et une maman, nécessite une vraie technique. En fait, il faut environ 60 balancements selon le "bébé moyen" ; après cela, bien sûr, ce sera au bébé de vous montrer si cela lui plaît ou non, même si cela vous semble beaucoup trop par rapport au balancement lent que vous aviez imaginé. Vous pouvez expérimenter avec le métronome que les musiciens utilisent dans leurs compositions pour vous aider à y parvenir, ou rechercher des fréquences qui se situent dans ces intervalles. Pour les amateurs du genre, je peux suggérer par exemple Buffalo Soldier, de Bob Marley.

Après plusieurs tentatives qui aboutissent finalement à un résultat, assurez-vous que le petit s'est laissé aller dans les bras de Morphée. Soulevez son bras de quelques centimètres et laissez-le retomber sur vous pendant que vous le tenez dans vos bras. Dans le cas malheureux où il résisterait, vous pouvez imaginer la mauvaise nouvelle que j'évite de vous annoncer !

En effet, dès que vous aurez accompli un défi quotidien, un autre se présentera à vous. Votre bébé dort maintenant... oui, mais dans vos bras ! Transférer un nouveau-né dans son lit est une opération extrêmement délicate. Oui, ça aussi. Essayez de respecter ces étapes pour éviter de recommencer depuis le chapitre précédent :

1. Changez progressivement la position de vos mains pour vous préparer à les libérer de son corps. Si vous le faites soudainement ou avec une trop forte accélération, il risque de se réveiller.
2. Avancez maintenant vers le berceau, en continuant à le bercer. Prenez soin de vérifier qu'il n'y a pas de jouets ou d'autres instruments dangereux sur le sol.
3. Diminuez encore le mouvement de balancier avant de l'arrêter.
4. Déplacez le bébé vers le berceau, mais ne cessez pas de le bercer et gardez vos bras autour de lui. La température sera certainement plus basse que votre chaleur et cela pourrait le réveiller. Restez donc dans une position intermédiaire entre "le laisser partir" et "le tenir" pendant quelques minutes.
5. Retirez ensuite vos mains de son corps et placez-les sur sa poitrine pendant quelques minutes encore, toujours dans le but de maintenir la chaleur qu'il reçoit.
6. Enfin, relevez-vous complètement et retirez lentement vos mains.

Il peut être utile de vous équiper d'un interphone moderne ou d'un autre instrument vocal, si vous décidez de laisser votre petit dormir dans sa propre chambre. Toutefois, il n'est pas conseillé de le faire avant qu'il ne grandisse un peu plus. Il existe toutefois de nombreuses autres possibilités, mais avant d'examiner les solutions "portables", penchons-nous sur l'organisation classique des parents à la maison :

- **Ensemble dans le lit matrimonial :** pour utiliser cette disposition, il suffit de placer l'enfant au milieu et vous et la maman de chaque côté du lit. À ce moment, tout ce qu'il reste à faire pour fermer tous les côtés est de placer quelque chose d'encombrant, de lourd mais de sûr entre le bord du lit et votre enfant. Cette "formation en H" peut toutefois amener votre enfant à s'habituer à ce traitement "5 étoiles", alors ne vous y habituez pas. Pour vous, il ne s'agit pas seulement d'un avantage de vitesse, mais d'un inconvénient : de nombreux bébés pleurnichent et s'agitent dans leur sommeil car, bien qu'ils ne rêvent pas, ils passent beaucoup plus de temps dans la phase REM. Chaque petit gémissement ou soupir bruyant pourrait réveiller le bébé inutilement. Au final, la vertu de maman d'allaiter sans quitter le lit peut s'avérer contre-productive.
- **Près du berceau :** s'il est nécessaire de vérifier la sécurité des barrières latérales, le déplacement nocturne du partenaire le plus proche sur le côté correspondant du lit peut s'avérer être la meilleure disposition initiale. De nombreux papas affirment qu'il est merveilleux de voir leur fils ou leur fille se réveiller à côté d'eux, étirer leurs petits bras et même faire pipi. Il existe également une version réelle du lit à trois côtés, qui se fixe au lit et permet ainsi à la mère de continuer à allaiter sans se lever. Il en existe différents types, même de la même hauteur qu'un lit matrimonial normal, avec la possibilité, dans un avenir proche, d'installer une quatrième barre et de devenir une sorte de parc de jeu transportable. Qu'il s'agisse d'un parc ou d'un lit d'enfant, vous pouvez ensuite le décorer avec des manèges, des jeux et des accessoires à accrocher pour son plaisir et sa détente, ou pour vos propres besoins.

Placer le berceau à côté du lit est une solution courante, que la plupart des parents préfèrent, afin d'être aussi rapide et pratique que possible pour assister le bébé lorsqu'il se réveille. Que faire si nous sommes loin du lit ou si nous sommes en déplacement et que nous devons aussi le porter ?

Les endroits appropriés comprennent :

- **Le siège auto :** aimé par certains enfants, il rappelle la sensation douillette du ventre de la mère. Si votre enfant n'est pas une nuisance pendant les trajets en voiture, cela signifie que vous faites partie de ces parents chanceux, et qu'au moins pour les trajets, vous pouvez être suffisamment calme et détendu.
- **Le porte-bébé :** il s'agit d'un porte-bébé qui peut être serré et fermé sur la poitrine. Le rythme de la marche permet de le bercer et de stimuler sa détente.
- **Le transat à bascule :** les moindres vibrations le font se balancer comme les bébés l'aiment, mais le fin rembourrage rend cette disposition dangereuse, et bien qu'il soit bas sur le sol, il nécessite des yeux attentifs et une main rapide.
- **La balançoire à barrière :** un outil absolument non indispensable et facultatif pour le jeu et la détente. Il encombre certainement la chambre d'enfant de manière suggestive, en vous rappelant la période de croissance que vous vivez avec lui, mais en même temps, permettez-moi de dire qu'il est moins fonctionnel que d'autres solutions.
- **Le landau :** comment ne pas mentionner ce moyen de transport inclinable. Un véritable "must have" à quatre roues pour tous les couples de parents dans le monde, c'est en effet sans l'ombre d'un doute, une réponse efficace aux enfants les plus énergiques.

La reprise du travail

Chaque année, certaines clauses des contrats de travail sont renouvelées, mais en général, le congé parental obligatoire pour les employés, qu'il soit payé intégralement par l'employeur ou directement par l'INPS, est de 10 jours obligatoires. La demande doit être faite au moins deux semaines avant la date prévue de la réception.

Le retour au travail ne sera pas facile : la fatigue accumulée en raison de la perte de sommeil se fera sentir, et vous aurez du mal à maintenir le même rythme qu'avant dans l'exécution de vos tâches précédentes. Il a été prouvé par des études que les heures de sommeil perdues diminuent la mémoire, allongent les temps de réaction, produisent de l'irritabilité et entravent la réflexion linguistique.

Il existe des solutions que vous pouvez essayer :

- Les siestes : l'agence aérospatiale américaine, la NASA, a elle-même affirmé que 26 minutes de repos améliorent de 35 % les performances des pilotes de ligne. Essayez de faire la même chose, peut-être pendant les pauses déjeuner dans la voiture. Au gymnase, allongez-vous sur un tapis et faites des exercices d'étirement et de relaxation.
- Le ventilateur : si vous travaillez devant le PC, la fatigue oculaire sera encore plus perceptible. En ayant un moyen de rester au frais ou en changeant d'air, il vous sera plus facile de rester éveillé.
- Café et compléments alimentaires : à situation désespérée, mesures désespérées. Classique mais indémodable, le café, et plus particulièrement le potassium et le magnésium, est la solution de prédilection de chacun.
- Chewing-gum : le fait de faire bouger les muscles de la mâchoire, associé à un parfum éventuellement fort comme la menthe ou la cannelle, facilitera l'activité.

- Musique : à ce stade, une musique dissonante, non sourde et aiguë, est recommandée. En bref, quelque chose de désagréable pour vos oreilles. Ce n'est pas vraiment la meilleure des suggestions, sauf si vous faites partie des hommes chanceux qui ne souffrent presque jamais de maux de tête.
- Montez des escaliers : le mouvement de vos jambes et le changement de pression entre les étages contribueront à oxygéner votre cerveau. Gardez cette technique à l'esprit même si vous avez un travail de bureau : se dégourdir un peu les jambes au grand air vous fera du bien.
- Repas légers et protéinés : préférez les déjeuners longs composés d'une entrée, d'un plat principal, d'un accompagnement ou d'une assiette trio, aux barres énergétiques ou à la salade et au steak. Il est préférable de consommer moins de glucides simples et de protéines, car ils n'affectent pas trop l'activité métabolique et ne provoquent pas de somnolence.
- Bains de pieds à l'eau froide : un conseil bizarre et peu pratique bien sûr. Il convient surtout à ceux qui, de nos jours, ont encore la possibilité de se connecter et de travailler à domicile.
- Quelques photos du bébé : cela peut paraître absurde, mais même l'employeur le plus exigeant, le plus grincheux et le plus râleur a tendance à laisser passer quand il voit que vous avez amené votre petit bout de chou dans votre coin de travail. Une astuce astucieuse pour éviter les réprimandes excessives et encourager la compassion des autres.

Faire la lecture à haute voix aux enfants

Il a été prouvé par les experts du domaine que la lecture à haute voix encourage le cerveau de l'enfant à construire une "carte d'assimilation", dans le but ultime d'identifier les structures phonétiques qui sous-tendent le langage. L'instauration d'une véritable séance de lecture quotidienne peut donc être utile à la fois dans ce but et pour consolider, par la voix, le lien du bébé avec vous. Vous pouvez également trouver en librairie de très grands livres d'images, pas seulement en italien, que les parents peuvent utiliser pour consolider dans l'inconscient de l'enfant les macro-structures syntaxiques et autres. Les couleurs rendront le moment plus agréable et plus curieux pour l'enfant, sans l'ennuyer et en allongeant ainsi son temps d'endurance.

La poussette

Tout papa ou maman qui se respecte ne peut s'empêcher d'acheter une poussette à un moment donné, bon gré mal gré. Cela peut sembler anodin, mais choisir le bon modèle peut s'avérer être un choix gagnant pour les balades du week-end dans les centres commerciaux et au-delà.

Voici quelques conseils d'achat :

- Faire un test : vérifier la praticité et la maniabilité de la poussette est la première chose à faire. Les questions à se poser sont de savoir si vous pouvez la pousser facilement d'une seule main, si la hauteur des poignées peut être réglée, etc. N'ayez pas peur de faire quelques essais avec l'autorisation du commerçant.
- La vérification : testez maintenant le mécanisme de verrouillage, l'inclinaison, l'efficacité des freins et la robustesse générale du véhicule.
- Le transport : le poids du modèle qui vous plaît est-il tel que votre partenaire peut facilement le transporter dans le coffre de sa voiture ? La différence entre un châssis coûteux et un châssis de la première tranche de prix peut vous sembler insignifiant, mais en réalité vous devez la considérer par rapport à tous les objets que vous placerez

dessus. Les lingettes, les biberons, les couches et le bébé ajouteront beaucoup au poids total.

Après avoir passé en revue les précautions à prendre, place à l'énumération des différents modèles que l'on trouve habituellement sur le marché :

1. **La poussette convertible :** l'inclinaison que l'on peut obtenir avec une poussette est idéale. En effet, dans les trois premiers mois après la naissance, la tête du nourrisson doit rester en position couchée. Si la convertibilité en poussette plus tard, lorsque l'enfant grandit, peut sembler un choix judicieux de 2x1, elle cache en réalité un inconvénient majeur : le châssis lourd reste le même et entrave donc la maniabilité globale par rapport à une poussette comme fin en soi.
2. **La poussette combinée :** cette structure est similaire à la précédente mais avec un châssis plus léger. Certains fabricants identifient et échangent ces deux premières solutions comme étant synonymes. D'une manière générale, par rapport au précédent, il est plus léger, plus petit, transformable plus facilement sinon en quelques clics, avec un porte-panier et généralement des roues pivotantes capables de tourner à 360° comme une valise.
3. **Les systèmes modulaires cadre-siège** : comme le terme l'indique, ils offrent la possibilité de séparer le cadre lui-même du porte-bébé. Chaque marque a ses propres combinaisons et particularités. En général, il peut s'agir d'une alternative valable si vous trouvez un modèle résistant aux clics répétés pour mettre et enlever le siège auto pour bébé du châssis, et mettre et enlever le siège auto pour bébé du châssis respectif monté pour le transport en voiture. Veillez simplement à ne pas opter pour un achat trop bon marché, car il pourrait ne conserver que les défauts de cette composition fragile.
4. **La poussette légère :** la plus pratique, la plus fonctionnelle et la moins lourde de toutes. Sur le marché

actuel, vous pouvez trouver des modèles extraordinairement légers avec un mécanisme de fermeture rapide à ressort. Parmi les autres éléments de confort, citons un dossier entièrement inclinable et un système de fixation pour la voiture. Le choix du meilleur doit alors se faire en fonction de la solidité et de la taille des roues et surtout du filet de rangement arrière. Si vous pensiez au moment de l'achat que les poignées feraient un parfait porte-sac à provisions, il était peut-être bon de s'en assurer avant de voir la poussette pliée.

5. **Le landau parapluie :** un compromis à la portée de tous, à utiliser avec précaution pendant une durée suffisante pour que l'enfant grandisse. La fragilité du système par rapport à son adversaire en fera une préférence plus réaliste pour la durée d'un séjour hors de la ville, plutôt que pour la durée d'un besoin réel.

6. **La poussette à trois roues :** le haut de gamme des poussettes malgré la roue manquante. En fait, ces engins sophistiqués sont dotés d'une roue géante très haute à l'avant, qui est capable de négocier tous les nids de poule et les terrains glissants avec l'envie des autres véhicules concurrents. Convient oui pour la campagne, non pour la ville, car il est trop encombrant. Certains papas imaginatifs ont trouvé dans cette proposition de marché, la solution pour continuer le jogging et en même temps sortir l'enfant, réduisant ainsi la charge de travail de la mère. Ils peuvent en effet être utilisés à cette fin, à condition que l'enfant ait atteint l'âge de quelques mois et soit donc capable de tenir sa propre tête. Ne sous-estimez pas le poids et la plus grande difficulté de la course à pied lorsque vous raisonnez sur cette hypothèse.

Lors de l'achat, pensez également aux accessoires tels qu'une cape de pluie en plastique, un couvre-jambes à utiliser par temps froid, une capuche anti-UVA et tout autre gadget qui pourrait s'avérer utile.

Le parfait habillement

Durant la première année de vie, le vêtement qui habillera votre enfant doit être un parfait mélange de confort et de praticité. La grenouillère est évidemment le choix privilégié ici et est utilisée pour toutes les activités dont il a besoin à la maison et à l'extérieur, qu'il s'agisse de faire la sieste, de jouer ou de se promener en plein air dans la poussette. Ils sont généralement dotés de fermetures éclair confortables pour envelopper le corps du bébé, d'un cou largement ouvert et de petits pieds à la base. Cependant, lorsque vos petits grandissent, vous pouvez couper les pieds à la base et les transformer en pyjamas normaux pendant un certain temps. De nombreuses mères insisteront en tout cas pour acheter non seulement la grenouillère, mais aussi d'autres vêtements pour toutes les occasions, y compris des grenouillères, des collants, jusqu'à de véritables vêtements faits sur mesure avec une attention particulière à chaque détail. Essayez de raisonner ensemble et faites attention aux dépenses excessives : sa croissance sera plus rapide que vous ne le pensez.

Comment s’adapter au froid et à la chaleur

Une question relativement simple, à condition de connaître quelques faits intéressants. Tout d'abord, pour vérifier son état de confort par rapport à la température extérieure ou à l'endroit où vous prévoyez d'aller, touchez-le avec vos mains sur sa nuque et ajustez-le en conséquence. Ensuite, habillez-le en plusieurs couches afin de pouvoir le changer rapidement dès qu'il émet un gémissement quelconque. N'oubliez pas de couvrir plus soigneusement ses mains et ses pieds, surtout si vous vivez dans un endroit qui atteint des températures froides en hiver.

En cette saison surtout, les efforts des mères et des pères sont concentrés, que vous deviez l'emmener à l'extérieur ou rester à la maison. Dans ce dernier cas, il est conseillé d'ajouter une autre couche à la combinaison de couchage, au moyen de couvertures pour bébé, toujours zippées, ou, alternativement, de "sacs de couchage" sans manches. Cette dernière invention vous permettra de mieux le réchauffer, en lui laissant le champ libre au niveau de la tête et des bras. Ne manquez pas l'occasion de photographier ces moments inoubliables, de votre nouvelle "chenille" prête à devenir un papillon.

En été, en revanche, l'atmosphère du traitement change pour prendre des connotations de vampire. Les bébés ne peuvent pas, en effet, recevoir directement les rayons du soleil : protégez-les avec des chemises à manches longues et des shorts jusqu'à l'âge de six mois au moins. Ensuite, utilisez la crème protectrice recommandée par votre pharmacien et exposez-le au soleil uniquement en début ou en fin de journée, jamais en milieu de journée, et pendant des durées contrôlées. Un chapeau de soleil et des lunettes de soleil ne dureront peut-être que quelques secondes, mais cela ne fait pas de mal d'essayer. Le soir, un body en lin léger avec un large décolleté et une fermeture à boutons est ce qu'il vous faut. Ne l'exposez pas aux brises froides du climatiseur de votre chambre.

Votre santé mentale

L'attention accordée à l'enfant pendant le temps passé à la maison est considérable et exige un effort continu et constant. Il n'est pas rare que vous ressentiez un sentiment de déséquilibre. Les heures et les heures passées à s'occuper de votre enfant vous remplissent au début, et parfois même, de joie, ne vous méprenez pas, mais en même temps, les soins physiques requis à chaque étape de la journée commencent à devenir pesants.

J'ai pensé rassembler quelques idées intéressantes pour essayer de maintenir votre lucidité mentale, votre satisfaction personnelle et votre charge émotionnelle positive à un niveau élevé :

- Le sanctuaire : définissez une pièce de votre maison comme votre sanctuaire, inaccessible à l'enfant même s'il est accompagné de sa mère. Il doit être, en effet, un lieu réservé uniquement pour vous, qui peut vous permettre de rester dans le silence et la tranquillité totale, même pendant ces 10 minutes nécessaires pour retrouver les meilleures intentions d'être un bon père. Vous pouvez y stocker toutes vos affaires liées à votre passion, comme le football, la musique, les jeux vidéo, etc. Ce n'est cependant pas une option facilement réalisable pour la plupart d'entre nous, qui vivons peut-être dans de petits appartements avec peu d'espace pour respirer. Il convient néanmoins de mentionner cette option car elle est l'une des plus efficaces.
- Le journal : Trouvez des moments de paix pour vous en lisant un journal informatif ou sportif tel que Tuttosport. L'important est de réduire le niveau de stress. Pour ne pas être dérangé et vous gâcher ce moment, vous pouvez vous rendre à votre voiture sous prétexte de faire quelques courses. Personnellement, les petits mensonges blancs comme ça n'ont jamais fait de mal à personne.
- Les exercices physiques : l'exercice physique réduit le cortisol, une hormone produite par les glandes surrénales qui est souvent sous-estimée. Beaucoup de gens ne le connaissent que pour le stress, mais en réalité un niveau élevé provoque : une augmentation du débit cardiaque et de la glycémie ; une diminution des défenses immunitaires et de la synthèse du collagène ; la transformation des protéines en glucose et la lipogenèse. En bref, pas vraiment bénéfique pour notre corps. Essayez donc, autant que possible, de trouver du temps pour courir dans le parc, aller à la salle de sport, jouer au football à cinq. Évitez, en revanche, de déverser votre frustration dans les aliments sucrés et les bières, ils sont un palliatif temporaire et nuisent à votre santé.

- Les relations sociales : parler à quelqu'un de votre nouvelle situation est aussi un moyen involontaire de se débarrasser de toute mauvaise humeur. Le confort vient du partage de vos pensées et de vos émotions. Il existe même des groupes Facebook et Whatsapp où vous pouvez interagir avec d'autres pères comme vous. En communiquant en ligne ou hors ligne dans le parc avec quelqu'un, vous apprendrez peut-être à connaître des réalités encore plus difficiles que les vôtres ou obtiendrez de précieux conseils sur des problèmes donnés.
- Faites un calendrier : notez tous les épisodes drôles, joyeux, tristes et compliqués avec votre petit. Si votre partenaire le permet, vous pouvez chercher un véritable "calendrier mural" à conserver et à relire à l'avenir. Lorsqu'un ami ou un parent vous rendra visite, vous serez en mesure de lui faire mieux comprendre les méfaits, bons ou mauvais, qu'il a commis.

La vie sexuelle

Pour ceux qui se demandent quelles sont les conditions préalables à une reprise réussie et constante des relations intimes avec leur épouse, vous devez savoir que.. :

- 50% des couples interrogés par plusieurs magazines du monde entier ont déclaré avoir recommencé à avoir des relations sexuelles deux mois après l'accouchement ;
- 40% ont déclaré qu'ils ont repris aprè un delai de 3 à 4 mois ;
- Les 10% restants des partenaires qui ont déclaré avoir repris après le 4ème mois.

Pour le père, bien sûr, cela peut sembler une éternité ; mais la mère surtout, qui a vécu les moments miraculeux, certes, mais tout aussi douloureux de l'accouchement, aura besoin de se remettre psychologiquement des efforts et du travail qu'elle a fourni. Pour renforcer ce point de vue; nous pensons à :

- L'utérus : après l'accouchement, la récupération de la structure génitale maternelle se fait progressivement. L'utérus se contracte pour retrouver sa taille initiale et cela prend plusieurs semaines en fonction de l'élasticité des tissus.
- Les hormones : une véritable tempête hormonale se produit, faisant à nouveau pencher la balance chez la femme postnatale. Les œstrogènes et la progestérone, responsables des principaux changements pendant la grossesse, s'effondrent, abaissant le rythme cardiaque et déstabilisant l'humeur. Il s'agit généralement d'une situation qui tend vers la normalisation du système immunitaire, du métabolisme et du système cardiovasculaire. Il peut cependant arriver que certaines valeurs restent élevées : les glucorticoïdes, dont le cortisol, peuvent ralentir ce processus et provoquer des états d'anxiété, d'insomnie et de dépression.
- Le bébé : l'attention et la concentration des femmes sont centrées sur le nouveau-né. Pour corroborer scientifiquement ce fait, nous disposons, pour toutes les mères, d'une autre hormone, l'ocytocine, qui joue un rôle clé sur le plan génétique dans la relation mère-enfant, en suscitant l'attachement et le lien avec l'enfant, le sentiment de reconnaître le nouveau-né comme le sien, et toute une série d'émotions d'où naît le désir de s'occuper complètement de lui.

Ainsi, le nouveau père, pour réactiver l'instinct sexuel de la mère, devra faire des gestes plus que préliminaires pour "mettre de l'huile dans les rouages" :

Les soirée libres : avec votre partenaire et la nouvelle maman, accordez-vous une soirée libre par semaine pour occuper quelques heures sans l'enfant avec ce qui vous plaît.

Rétablissez l'affinité et l'équilibre du couple en allant au cinéma, au théâtre, au restaurant ou à n'importe quel autre endroit, pourvu qu'il n'y ait pas d'enfants.

L'humour : faire rire les femmes n'est pas seulement un stratagème indispensable pour les conquérir, mais un aphrodisiaque éternel. Vous pouvez le faire à votre manière et selon votre personnalité naturelle, avec des plaisanteries lors du dîner ou par de petits gestes inattendus. Je vous donne une idée : la couche est blanche et vous avez des feutres à la maison, alors trouvez quelque chose de spirituel, qui la fera rire, et en même temps réaffirmera peut-être qu'elle est toujours attirante à vos yeux.

L'affection : prenez-la dans vos bras et embrassez-la même sur la joue pour réaffirmer, pendant la période difficile qui suit l'accouchement, que vous l'aimez toujours et qu'elle n'est pas seule dans cette démarche. Vous êtes là avec elle. Ne soyez pas pressé : câlinez-la et prodiguez-lui de petites attentions.

Les allusions : dans le contexte humoristique et sympathique mentionné précédemment, vous pouvez faire allusion à des phrases qui font des références plus ou moins implicites mais claires au sexe. On ne peut pas non plus nier que l'activité au lit entre deux partenaires est bénéfique pour vous : elle réduit le stress, soulage les douleurs cervicales, détend l'esprit et les muscles, renforce la fermeté de l'épiderme et retarde le processus de vieillissement.

Les compromis : la collaboration est certainement un concept central dans la dynamique du couple, encore plus depuis l'accouchement et le sera pour toute la croissance future de l'enfant. Le compromis, dans ce contexte, s'inscrit comme une clé complémentaire ; si votre femme vous demande souvent de l'aide, vous n'êtes pas obligé d'être totalement serviable. De temps en temps, dans une affaire quotidienne (mais pas toujours, ce serait contre-productif), proposez-lui un échange équitable. "Je garde l'enfant avec vous toute la journée, mais je voudrais que vous puissiez vous consacrer entièrement à vous-même, en vous détachant un peu de vos pensées, pour retrouver la sérénité". Des paroles vraies bien sûr, mais le but final est d'amadouer le beau sexe envers vous et vos désirs plus charnels.

En attendant le meilleur moment, ne soyez pas pris au dépourvu. Prenez soin de vos cheveux, rasez-vous, et gardez quelques accessoires à portée de main : un lubrifiant est indispensable pour faciliter la pénétration post-partum ; des préservatifs pour éviter une deuxième grossesse ; enfin, des bougies, de l'huile de massage, et éventuellement de la musique relaxante.

Les rapports sexuels doivent être entrepris environ 15 à 20 minutes après que le bébé ait commencé à dormir, car cela correspond à sa phase de sommeil profond. Cependant, n'exagérez pas dans vos bruits et essayez d'être doux pour ne pas éveiller le bébé et le faire pleurer.

La persévérance et une bonne dose de patience vous y mèneront. En retour, bien sûr, vous prenez en charge tout le travail difficile à partir de ce point.

L'entrainement à domicile

Il est probable que, dans un premier temps, votre partenaire ne vous autorise pas à faire de l'exercice à l'extérieur. L'arrivée du bébé et les nombreuses tâches ménagères se succèdent sans relâche, mais vous pouvez encore facilement vous ménager 30 minutes pour faire de l'exercice. C'est mieux que rien. Voyons quelques exemples ci-dessous, qui peuvent être réalisés, avec un peu de soin et de confiance, avec l'enfant :

<u>Crunch oblique</u> – *les abdominaux externes et internes et les obliques*

Allongez-vous sur un tapis ou une natte à la maison, les genoux pliés, la plante des pieds fermement posée sur le sol et le bébé reposant sur vos cuisses. D'une main, tenez fermement le bébé contre vous, tandis que l'autre main est sur la tempe correspondante. Expirez, levez le coude en direction de l'abdomen, et revenez au point de départ en reprenant de l'oxygène. Vous pouvez augmenter la difficulté en restant dans une position contractée pendant trois secondes avant de ramener le coude vers le bas.

Les plis obliques - oblique externe et interne

Attachez la ceinture de sécurité du porte-bébé pour que le bébé soit en sécurité, puis en position verticale, alignez vos pieds sur vos épaules. Maintenant, soulevez le porte-bébé sur votre hanche avec une main, tout en tenant l'autre sur votre hanche. Ensuite, penchez-vous lentement et faites d'abord quelques séries de répétitions avant de changer de main et de côté du porte-bébé.

Flexions debout - lats et quadriceps

Pour réaliser cet exercice, vous aurez besoin du porte-bébé, que vous tiendrez avec le bébé autour de votre poitrine. Appuyez votre dos contre un mur de maison et, les pieds légèrement écartés, pliez les genoux. Maintenez un angle entre 45° et 90°, en comptant quelques secondes avant de passer d'une direction à l'autre.

Si vous avez un petit garçon fantastique entre les mains, vous pouvez jouer le rôle d'un entraîneur personnel et l'initier vous-même à cet exercice, qui constitue une forme de motricité amusante pour renforcer les muscles, la coordination et l'équilibre. Ne vous inquiétez pas si vous n'avez pas tous les équipements que je vais énumérer. Ils sont interchangeables l'un avec l'autre.

Le circuit d'entraînement suivant n'a rien à envier à celui d'un adulte, et comprend une série d'exercices qui se succèdent, permettant de stimuler efficacement les différents groupes musculaires du petit. Passez cinq minutes à une station, laissez-le se reposer, puis passez à la suivante. S'il se plaint avant la fin, cela signifie qu'il a vraiment besoin de récupérer, mais qu'il sera plus prêt la prochaine fois. Il deviendra sans aucun doute le nouveau-né le plus fort de tous les jardins !

1er entraînement : le marcheur

Il s'agit d'un dispositif de jouets à deux étages avec une base ronde et un siège doublé de tissu. Placez l'enfant à l'intérieur de manière à ce qu'il puisse être soutenu en position verticale par le dispositif. Son incapacité à se tenir à nouveau debout lui permettra d'entraîner ses abdominaux et ses lats.

2ème entraînement: le gymnase

Il s'agit d'un passe-partout surmonté de deux traverses qui se rejoignent en croix, avec des trous à l'intérieur du cadre pour fixer des pendentifs. Faites pendre quelque chose de luminescent et faites un son, comme des cloches. Dos contre lui, essayez de tendre les mains pour les toucher, afin de développer les biceps et les triceps.

3ème entraînement: la balançoire suspendue

Il ne s'agit pas de la balançoire classique, mais d'une version simplifiée et sûre, qui maintient votre enfant attaché au moyen d'un système de cordes, fixées à leur tour au montant ferme d'une porte ou d'un bar. Les mouvements qu'il tentera d'avoir avec le balancement de ses jambes et de ses bras favoriseront dans ce cas les muscles fessiers, les quadriceps et les mollets. Par rapport aux autres, la balançoire est généralement un jeu que beaucoup d'enfants adorent lorsque vous le leur proposez.

4ème entraînement: le tapis

Cette autre activité, au contraire, il la méprisera : elle consiste simplement à placer l'enfant à plat ventre sur un tapis et à lui ordonner de bouger le cou et de lever la tête pour regarder autour de lui. Bien qu'elle soit ennuyeuse en soi, aidez-la à la rendre plus amusante en faisant, par exemple, bouger de petites peluches comme si elles étaient les acteurs d'une histoire. Dans ce cas, l'amélioration de la mobilité de son cou et de son dos augmentera sa capacité à ramper.

5ème entraînement: le gymnase inversé

Il est assez similaire au précédent, sauf qu'il a été créé dans un but différent : entraîner les pattes à frapper les hochets et autres jouets suspendus. Il renforcera également votre sens de la profondeur spatiale.

6ème entraînement: le coussin d'allaitement

Cet oreiller a fondamentalement la même forme et la même texture que celui qui est conçu pour se détendre et dormir dans la voiture, pendant un long voyage en train, etc. Si vous en prenez un plus large, il pourra contenir votre petit. Mettez des jouets devant lui pour le distraire, et soutenez-le pendant qu'il essaie de s'asseoir à l'intérieur du coussin. Ses muscles abdominaux et dorsaux en bénéficieront.

7ème entraînement: la balançoire

Pour le récompenser pleinement de ses efforts, si vous avez une petite balançoire-jouet pour la maison, il vous remerciera certainement. C'est un excellent moyen pour lui de développer très tôt l'idée du devoir avant le plaisir.

Le lancer d'objets

Si vous n'en avez pas encore entendu parler, c'est étrange, car les petits enfants sont connus pour aimer jeter tout ce qu'ils voient depuis leur siège. Vous serez sans doute témoin de scènes dans lesquelles votre fils ou votre fille ne manquera pas de jeter par terre biberons, tétines, bols de céréales et autres jouets. Son expression joyeuse ne vous épargnera pas de les ramasser sur le sol.

Pour cette raison, vous pouvez recourir à des cravates auxquelles vous pouvez attacher les différents éléments nécessaires au déjeuner et qui sont généralement gardées à portée de main. Veillez toutefois à ce que les ficelles ne soient pas trop longues, car votre enfant pourrait se couper involontairement ou même se coincer. Par conséquent, en plus de l'utilisation de chaînes ou de cordons en plastique, utilisez des jouets à ventouses, qui restent fermement en place sur la plaque du siège, et surtout des bols en plastique, pour éviter qu'ils ne se brisent en mille morceaux sur le sol. Vous trouverez également des lanières plus petites au supermarché ou dans les magasins spécialisés pour maintenir en place même les biberons et les tétines.

Ensuite, n'ayez pas peur de laver assidûment tout ce que vous ne pouvez pas ramasser sur le sol en quelques secondes. Selon diverses études, les germes sont généralement présents en quantité limitée sur toutes les surfaces de la maison. Il est normal que pour le premier enfant, on veuille être sûr, vu ses défenses encore faibles, de tout laver à l'eau et au savon. Dans tous les cas, il est conseillé de reconnaître réellement la présence de saletés ou non, avant de s'alarmer. En bref, il est beaucoup plus réaliste qu'il arrive que votre enfant mette ses mains dans sa bouche après les avoir posées sur le sol. Il vous arrivera souvent de le gronder, mais ne soyez pas trop dur, prenez sur vous le fait que vous avez peut-être eu la flemme la veille de nettoyer le coin le plus caché du salon.

Un moyen de contamination extrêmement facile, en revanche, se trouve dans les crèches, les aires de jeux, les bacs remplis de ces balles colorées, où les enfants entrent en contact les uns avec les autres et échangent involontairement des microbes.

Comment prendre la température du bébé

Cela peut sembler une évidence, considérée comme allant de soi, mais en réalité, il vaut mieux connaître certaines méthodes pour mesurer en toute sécurité, ce qui peut favoriser la tranquillité d'esprit de l'enfant.

Tout d'abord, si vous êtes deux, ce sera plus facile, sinon suivez ces conseils :

1. Placez des oreillers sur le sol, l'un sur l'autre, et couvrez-les avec une serviette.
2. Après avoir enlevé la couche du bébé et l'avoir nettoyé soigneusement, placez-le maintenant sur le ventre sur les oreillers. Écartez délicatement le petit terga et essayez d'insérer le thermomètre de quelques centimètres de long.
3. Maintenez le thermomètre immobile en posant la paume de votre main sur les fesses du bébé et en appuyant sur le thermomètre avec vos doigts. De cette façon, le bébé devrait moins bouger.
4. Pendant que vous attendez le résultat de la mesure, distrayez-le avec un jouet doux que vous tenez de votre main libre.

Avec les nouveaux appareils, il ne vous faut que quelques secondes pour obtenir les données dont vous avez besoin. Et puis il y a tous les autres instruments de mesure qui, cependant, à cet âge tendre, sont généralement plus imprécis, je veux parler des thermomètres auriculaires et de ceux à placer sous l'aisselle. La main sur le front ne vous donnera qu'une idée approximative peu utile, car si vous êtes inquiet, vous n'hésiterez pas à passer le thermomètre rectal pour vous assurer qu'il n'a pas de fièvre.

Si l'enfant a plus de trois mois et dépasse 38,5 °C, seuil

identique à celui des adultes d'ailleurs, il est préférable de consulter le pédiatre. Même chose si elle dépasse 38 °C mais a moins de 3 mois. Pendant que vous attendez donc le résultat de l'examen, notez ses changements de comportement : pleurs, gémissements, irritabilité, toux, etc.

Si le médecin a prescrit des médicaments à donner au bébé, vous devrez, en tant que père, trouver les moyens de les administrer. Il faut de la persévérance, de la patience, de la rapidité, et même une pincée de déloyauté. Combien de fois vous êtes-vous souvenu que, lorsque vous étiez enfant, vos parents vous chantaient des histoires afin de vous faire avaler les pilules nécessaires. Parmi les astuces toujours bonnes, citons

- Jeu ou conte de fées : distraire l'enfant comme indiqué précédemment.
- Couvrir le goût : essayez de confondre le mauvais goût amer du médicament avec quelque chose de sucré en versant du lait ou du jus de pomme dans le flacon.
- Pincez la joue : à l'aide d'une seringue sans aiguille ou d'un compte-gouttes, pincez la zone comprenant la joue et la gencive inférieure.
- Utilisez la ruse : dans les pharmacies et ailleurs, on vend des mannequins qui vous permettent de libérer le médicament petit à petit. Il m'est même arrivé de trahir sa confiance avec une glace : j'ai attendu qu'il goûte quelques cuillerées sans se méfier et j'ai ensuite inséré la quantité requise de médicament. Faites-le suivre rapidement d'une autre glace et, à l'exception d'un moment d'incertitude et de doute, il ne devrait rien remarquer.
- Demandez à la pharmacie : de nombreux principes actifs peuvent être assimilés non seulement par la bouche, mais aussi par suppositoire ou bonbon. Essayez de demander s'il existe une version plus douce et plus savoureuse.

Si aucune des techniques précédentes n'aboutit, il ne reste plus que la solution finale : remplir le flacon de médicament dans une seringue sans aiguille et, éventuellement avec l'aide de votre partenaire, le verser dans sa bouche contre sa volonté. Pour cela, il suffira de l'asseoir en position semi-allongée, avec un angle d'environ 45 °C, afin que le médicament ne puisse pas descendre dans sa gorge. L'un d'entre vous devra le tenir par les bras, tandis que l'autre sera l'infirmière : d'une main, tenez doucement son menton, tandis que de l'autre, poussez la seringue dans sa bouche. Puis soufflez doucement dans son visage afin d'activer son réflexe de déglutition. Remerciez votre patient et invitez-le à payer son ticket à la réception.

La dentition

Vers l'âge de 6-7 mois, la première dent va sortir, non sans conséquences. Alors que vous pensiez avoir évité et surmonté la période la plus difficile, pendant laquelle il n'y a pas de sommeil, pas d'intimité et pas de discussion facile, vous serez surpris par une autre mauvaise nouvelle : la sérénité est insaisissable.

En général, les premiers symptômes de la poussée dentaire se manifestent par une éruption sur le menton, une inflammation ou un saignement des gencives et un refus de manger. Le signe le plus évident reste cependant la production incontrôlée et disproportionnée de salive : votre bébé renaîtra de ses cendres comme le fils du Vésuve et crachera des litres de salive, tachant et mouillant jusqu'à 4-5 grenouillères par jour. Le bavoir ne fera pas de miracles, d'autant plus que vous ne pouvez pas le tenir tout le temps près de sa bouche, ni le laisser sur le siège de la voiture toute la journée.

Votre antagoniste sera donc la bave, non seulement le jour mais aussi la nuit. Votre enfant sera nerveux sans raison apparente et se réveillera beaucoup plus souvent, comme lors des premières règles après la grossesse, en essayant de mordre tout objet qui passe à sa portée. Voyons ce que vous avez à lui offrir pour le calmer :

- Les jointures de vos doigts : apparemment, elles ont la bonne consistance et la bonne taille pour être mordues avec satisfaction. Utilisez plutôt le bout de vos doigts pour sentir la zone de douleur dans ses joues.
- Jouets de dentition : il existe de nombreuses solutions conçues pour être grignotées par votre enfant néo-dinosaure. Essayez plusieurs poignées différentes, car l'enfant ne pensera pas forcément "vu, aimé".
- Bonbons surgelés : essayez de mettre des bonbons mous au congélateur. Vérifiez leur fermeté après quelques heures, afin qu'il puisse prendre plaisir à mordre dedans. Toutefois, ne dépassez pas la rigidité du diamant, pour éviter de faire plus de mal que de bien.
- La chaussette revisitée : eh oui, beaucoup de grands-mères se souviennent sans doute de cette ancienne technique pour favoriser le développement des petites dents. Utilisez une longue calzone dans laquelle vous insérez des morceaux de pomme, puis fermez-la en formant un nœud et placez-la au congélateur pendant quelques heures. A la fin, votre enfant pourra la grignoter, stimulé par l'odeur de la pomme.
- Filet alimentaire : similaire au précédent mais plus orthodoxe, disponible sur le marché et dans les meilleures pharmacies
- Gel gingival : pour atténuer la gêne occasionnée par la dent, vous pouvez essayer de frotter des gels analgésiques sur la gencive du chauve, même plusieurs fois par jour.
- Le paracétamol : une solution éternelle pour soulager la douleur systémique. Ses effets se font sentir pendant quatre à six heures, ce qui en fait peut-être la solution la

re la nuit pour essayer de trouver un sommeil ateur de quelques heures.

Le soin des dents de lait se poursuivra tout au long de la première et d'une partie de la deuxième année, avec l'apparition progressive des autres, jusqu'à un total de 8, 4 au-dessus et 4 au-dessous. Prenez soin de l'hygiène buccale de votre enfant en frottant l'intérieur de sa bouche avec une brosse spéciale pour les doigts. Il s'agit de petits instruments que l'on trouve également en parapharmacie, qui se portent au doigt et dont l'extrémité est munie d'un poil doux. Il suffit d'introduire le doigt dans la bouche et de brosser doucement les dents sans dentifrice. Il s'agit d'une opération importante pour préserver leur santé et ralentir la formation de caries, dont l'alimentation est principalement assurée à ce stade par le sucre contenu dans le lait. Lorsqu'ils atteignent l'âge de deux ans, consultez un dentiste pédiatrique pour obtenir une image globale plus précise.

Les sorties de maison

La préparation nécessaire pour passer la porte n'est pas négligeable. Si vous avez rencontré de nombreuses difficultés jusqu'à présent, soyez assuré que sans une préparation adéquate, vous serez probablement assailli par des difficultés et des événements imprévus qui vous obligeront à rentrer chez vous prématurément.

La première chose à laquelle il faut penser est le contenant : de préférence un sac de sport avec une bandoulière ou un vieux sac à dos confortable à porter sur l'épaule, plutôt que des sacs de sport qui ne peuvent être portés qu'à la main. Ensuite, remplissez-le avec tout ce dont vous avez besoin :

– Lingettes et mouchoirs en papier
– Eau naturelle

- Biberon rempli de lait maternel
- Un mannequin de rechange au cas où l'autre tomberait.
- Les couches
- Sweat-shirt s'il fait froid
- Cape de landau
- Des collations pour vous
- Serviette à poser sur la pelouse
- Bavoirs anti-reflux
- Un changement complet de vêtements
- Des jouets peu encombrants

et surtout... ce que vous oubliez toujours ! Les sacs en plastique. Ne me dites pas que vous n'avez pas aussi accumulé les sacs en plastique transparent que vous avez achetés pour contenir vos achats à la maison. Même les plus assidus d'entre vous auront oublié au moins une fois le chariot ou le sac en plastique de votre supermarché préféré.

Les accessoires supplémentaires comprennent ce dont un parent a généralement besoin, comme des portefeuilles, des téléphones portables, des clés de maison, un couteau à usages multiples, un décapsuleur, du ruban adhésif pour réparer les couches, des masques chirurgicaux et des FFP2.

"J'ai appris que lorsqu'un bebe serre pour la premiere fois le doigt de son pere dans son petit poing, il l'a capture pour toujours."
Gabriel Garcia Marquez

Du 4ème au 6ème mois : la découverte du monde

L'enfant va inexorablement grandir, bon gré mal gré, et lui aussi va progressivement commencer à manifester sa personnalité. Il montrera ses préférences pour les lieux à visiter en dehors de la maison, et sera également une raison de vous entendre prononcer de nouveaux mots, et d'être témoin de choses qu'il n'a jamais vues auparavant :

- Les animaleries : chaque son sera pour lui un merveilleux concert. Des oiseaux qui gazouillent, des poissons qui bougent dans des aquariums, des hamsters qui font la roue, des petits chats câlins qui miaulent. Si vous pensez que ce n'est pas cool de rester dans le magasin sans rien acheter, vous pouvez toujours acheter un petit jouet sonore pour chiens, adapté même aux petits enfants.
- Les supermarchés : l'éruption de couleurs, de sons et de matériaux dans les rayons le rendra fou. Il pointera du doigt encore et encore pour essayer de communiquer son intention de toucher n'importe quoi à gauche et à droite. Pour le tenir à distance pendant que vous essayez de combiner quelque chose de productif, donnez-lui en fait dans votre main un objet que vous avez l'intention d'acheter et qu'il peut tenir sans le faire tomber.
- L'escalator : comment devenir un influenceur reconnu à l'âge de quelques mois. Sa seule présence lui vaudra des sourires et des salutations de la part de parfaits inconnus qui se dirigent dans la direction opposée. Les hauts et les bas favoriseront en tout cas

son sens de la profondeur et sa perception des distances. Faites toutefois attention à la poussette et soulevez-la pour éviter tout désagrément.

- Musées d'art : qui a dit qu'un bébé ne pouvait pas aller dans un musée ? Vous aurez vu des touristes et d'autres personnes arpenter des galeries d'art de toutes sortes, parfois accompagnés de quelques cris et de désespoir. Ils seront l'exemple de la façon dont les choix que vous aurez à faire dans ce domaine dépendront de lui. Optez pour des expositions d'œuvres réalistes, de personnes ou d'animaux, ou futuristes avec des motifs géométriques étranges et colorés.
- Apéritifs et soupers apéritifs : si vous ne voulez pas manquer quelques moments de compagnie entre amis, cherchez un lieu qui ne soit pas encombré de jeunes gens frais et turbulents. Ainsi, les heures encore éloignées du coucher vous laisseront le temps de profiter de quelques conversations, rires et photos avec votre nouveau venu. S'il n'est pas entouré de trop de monde, il devrait s'amuser suffisamment pour rester juste assez longtemps. Si vous remarquez des signes évidents d'agitation que vous ne parvenez pas à contenir, même avec des mannequins et des jouets, il est temps de rentrer.

La conduite pendant qu'il pleure

Au cours d'un de vos courts trajets en voiture, vous constaterez que l'enfant reste une fois silencieux et une fois ne veut pas du tout savoir. Vous pouvez conduire lentement comme un retraité qui va acheter son journal quotidien, mais si la peste à l'arrière a décidé de gémir ou de crier, vous ne pourrez pas l'arrêter pour ne pas perdre totalement patience.

Les raisons peuvent être aussi variées que : la faim, pour laquelle vous devrez lui fournir un biberon ou un autre aliment solide de fortune qu'il pourra manger sur la banquette arrière ; l'éblouissement du soleil, qui vous obligera tôt ou tard à prévoir un rideau à fixer à la fenêtre ; il peut simplement avoir une couche mouillée ou pire encore. Des situations qui n'ont pas toujours une résolution immédiate.

En vous rendant à votre domicile ou à celui d'un proche, dans l'espoir d'apaiser sa fureur, essayez l'une des techniques suivantes :

- Une chaîne en plastique : si vous avez des poignées de sécurité sur les sièges arrière, attachez une chaîne entre les deux, à laquelle vous pourrez ensuite suspendre des jouets et des pendentifs. Veillez à ce qu'elles soient à sa hauteur, afin qu'il puisse les atteindre confortablement, mais qu'elles n'obstruent pas toute sa vue de face.
- Autres jouets : si vous n'avez pas de poignées ou si vous n'avez pas encore acheté les chaînes adéquates pour maintenir les jouets en place comme indiqué ci-dessus, remettez-les-lui directement. Ne partez jamais sans une boîte pleine à garder sous ou devant le siège. À la fin de chaque voyage, ramassez tout ce qu'il a fait tomber et remettez-le dans la boîte à portée de main, afin de toujours profiter de cette distraction.
- Diverses photos et images : composez à l'avance un collage de diverses photos de famille de lui à la maison, ainsi que des images d'animaux ou d'autres motifs géométriques que vous avez vus et qui lui plaisent. Il n'y a pas besoin d'un dessin sophistiqué, il suffit de les coller sur une feuille de papier ou mieux encore de carton et de les fixer avec du ruban adhésif. Assurez-vous qu'ils sont à l'épreuve des enfants afin qu'il ne puisse pas les arracher et les manger pendant que vous conduisez.

- Le bruit blanc : si vous avez remarqué un moment de silence, profitez-en pour écouter des sons naturels avec votre téléphone et le Bluetooth de la voiture. Dans la file d'attente, vous pouvez même simuler le balancement, l'accélération et le freinage pour qu'il s'endorme.
- La marionnette miroir : de tous les tours possibles, celui-ci est certainement le plus bizarre mais peut-être le plus efficace. Personne n'y pense habituellement. Il faut d'abord acheter une marionnette de chiffon, du genre de celles qui s'insèrent dans la main et une partie de l'avant-bras. Elle ne doit être ni serrée ni lâche, mais confortable et ne doit pas tomber pendant que vous conduisez. Puis un miroir à fixer au-dessus du dossier arrière, incliné et orienté de façon à ce que le petit puisse vous voir. Les sièges pour bébé sont déjà orientés dans la direction du coffre, vous ne devez donc rien faire d'autre. Il vous suffit de mimer les sons de la marionnette que vous tenez dans votre main et de faire semblant de parler au bébé d'une voix ferme. Au début, il vous semblera difficile de combiner la conduite sur la route avec une performance digne d'un bon mime, mais avec le temps, vous vous y habituerez et vous saurez déjà dans quelle direction bouger votre bras et votre main. Une dernière chose importante : évitez d'être vu par la police ! Tout le monde n'est pas père !

Les bébés comme billet passe-partout

Tous les maux ne font pas de mal. Si votre partenaire vous a confié la tâche d'éloigner votre enfant, il y aura des situations dans lesquelles, paradoxalement, il pourra être utile d'adoucir l'audience. Il suffit de le nourrir d'abord, de bien l'habiller, de le changer, afin de réduire au maximum les risques qu'il se plaigne et pleure.

Les places prioritaires

Si vous avez la témérité d'essayer d'obtenir les meilleures places lors d'un événement sportif, sans payer plus cher, séduisez le vendeur en lui confiant que c'est son premier match et qu'il verra l'action de près.

La restitution d'un article sans reçu

Faites appel à la gentillesse d'un père négligent qui a perdu son ticket de caisse ou reprochez tendrement à l'enfant de le froisser et de le jeter on ne sait où ou de l'avoir mangé. Pour un effet spectaculaire, placez le landau avec le bébé à l'intérieur sur le comptoir du service client.

Sauter la ligne sans faire la queue

Solution potentielle pour gagner quelques dizaines de minutes au supermarché le samedi après-midi, ou dans un magasin de vêtements. Cherchez le regard de la personne qui se tient devant vous, avec l'air d'un père harassé. Certains feront comme si de rien n'était, d'autres se contenteront de sourire, et c'est à ce moment-là que vous pourrez ouvrir votre sac à dos et libérer l'odeur de la couche fraîchement changée de votre enfant ! Je me rends compte que c'est un conseil farfelu, mais l'efficacité me donnera raison !

L'effet de séduction

Si vous êtes un père célibataire et que vous apercevez par hasard une belle femme dans un centre commercial, attirez son attention ou, plus effrontément, demandez au passant de vous aider pendant un moment. Essayer ne fait pas de mal.

Le congé maladie

Si, par rapport à votre partenaire, vous avez attiré plus d'attention et de compréhension au travail, il sera plus facile de justifier une absence en cas de fièvre de l'enfant ou de la vôtre due à une infection. Même s'il ou elle n'a pas de fièvre ou si vous n'en avez pas. Avant d'appeler votre employeur ou le responsable, enregistrez les pleurs de votre enfant les jours précédents et n'ayez pas peur : la plupart du temps, cela suffit amplement à mettre fin à la conversation en un rien de temps !

L'allaitement en publique

Ne soyez pas gêné si vous vous trouvez au milieu du "public" et que vous avez besoin de la mère pour allaiter son enfant. Il existe plusieurs endroits qui, à eux seuls, offrent la possibilité de se cacher facilement des regards indiscrets des spectateurs potentiels, comme les cinémas, les vestiaires des centres commerciaux ou les toilettes. Si vous êtes avec des amis dans un restaurant et qu'il n'y a vraiment aucun moyen d'éviter ce moment, restez calme et ne vous inquiétez pas.

Couvrez partiellement les épaules de la maman avec votre veste afin que ses seins ne soient pas visibles, et sans prendre trop d'air au bébé. Maintenez la conversation, en parlant de tout tranquillement sans trop vous concentrer sur la situation ; l'important est de ne pas faire de blagues ou de références implicites. En dehors de vos amis assis à côté de vous, les autres hommes trouvent de toute façon qu'une poitrine en train d'être allaitée n'est pas attirante, et avec la couverture de votre veste, vous serez encore plus à l'abri des regards indiscrets.

Les premiers repas

À l'âge de 120 jours après la naissance, le bébé pourra expérimenter la première cuillerée d'aliments solides, l'un des moments les plus attendus à immortaliser pour ne pas oublier son expression de dégoût. Voyons quelles sont les conditions pour qu'il puisse progressivement s'essayer à de tels repas :

- Surmonter le réflexe néonatal : l'envie générale de régurgiter tout aliment solide pour éviter l'étouffement.
- 4 mois : les intestins ne seraient même pas capables d'assimiler correctement les nutriments dans un premier temps et donc d'expulser les déchets.
- Exaltation de la nourriture : si vous commencez à remarquer un certain intérêt pour ce que vous mangez, avec des tentatives vaines de tendre la main pour prendre dans votre assiette, il est probablement prêt pour quelque chose de plus substantiel que du simple lait.

Dès qu'il a surmonté son dégoût initial, vérifiez toujours qu'il n'a pas d'allergies en insistant pour qu'il reprenne le même aliment plusieurs jours de suite. Vous saurez immédiatement, à l'inverse, ce qui a provoqué sa réaction.
Ensuite, utilisez quelques astuces pour essayer de salir le moins possible l'espace environnant. Vous pouvez, par exemple :

<u>Créez un siège antidérapant</u>

Par exemple, utilisez ces tapis de douche à ventouses, qui se fixent sur la chaise haute et empêchent de glisser.

<u>Placez un grand chiffon ou une vieille serviette sur le sol.</u>

Il peut être utile de ramasser toutes les miettes qu'il fera en une seule fois. Il faut être patient et ne pas le forcer : il aura l'air de jeter de la nourriture, mais il ne le fait pas exprès. Il doit également se familiariser avec l'emploi du temps et vivre les repas comme un moment heureux et moins traumatisant que possible. Des épisodes désagréables et des réprimandes inappropriées pourraient le rendre inconsciemment dégoûté dans un avenir proche.

<u>Élaborez d'un plan nutritionnel initial</u>

Contrairement à ce que l'on pourrait penser, ni les légumes, ni les sucreries, ni les aliments généralement bons n'accélèrent positivement le processus d'une déglutition normale, sans dégâts ni crachats. Puisqu'il n'y a pas de réelle efficacité d'un plat par rapport à un autre, optez pour quelque chose de meilleur sur le plan nutritionnel comme la purée de légumes et la crème de fruits.

Laissez-le à moitié nu

N'installez votre enfant dans la chaise haute qu'après lui avoir enlevé tout ce qu'il y a à faire, sauf sa couche ; ainsi, il ne touchera que lui-même, à part le sol. Au terme de ses tentatives et de ses divers bavardages, mettez-le dans le bain avec les précautions d'usage, et lavez-le tout simplement.

Imitez l'ouverture de la bouche

Parmi les astuces pour faciliter l'entrée de la cuillère dans sa bouche, vous pouvez simuler une action similaire. Essayez de le faire rire, de lui chanter quelque chose ou de lui faire des grimaces ; l'important est que vous exploitiez le moment où sa bouche s'ouvre un peu plus.

Utilisez une cuillère adaptée

Achetez une cuillère pour enfants légèrement concave, avec une spatule à l'extrémité pour attraper le gruau liquide et le pousser dans la bouche. De nombreux magasins proposent même des cuillères de différentes formes, comme un avion ou un personnage de Disney.

Amenez-le au repas déjà nourri

Il est plus sage d'organiser le repas après qu'il ait déjà eu l'occasion de se nourrir au sein ou au biberon de sa mère : il n'arrivera ainsi ni trop affamé et impatient, ni en même temps plein de nourriture et incapable d'essayer.
Les papilles du petit devront se contenter des préparations suivantes, initialement recommandées :

·ates douces	Pois	Carottes ;
·e de légumes	Avoine en crème ;	Orge en crème ;

Crème de riz
Abricots ;
Haricots verts
Pêches râpées ;
pomme râpée
poires râpées ;
Poires ;
yaourt ;
bananes mûres.

Eventuelle constipation

L'introduction d'aliments solides dans son régime alimentaire entraînera une diminution des évacuations vers les toilettes, mais aussi une diminution de la quantité de matières fécales émises. Pas vraiment de bonnes nouvelles. Un autre élément de danger est le raidissement du caca, qui peut provoquer des symptômes de malaise chez l'enfant. Pour éviter le risque de constipation, je recommande de donner à l'enfant des aliments laxatifs de temps en temps, comme les pruneaux, les pêches et les poires, frais ou en jus. Si cela ne suffit pas, recherchez une situation particulière qui l'encouragera ; les bébés sont généralement enclins à se détendre dans un bain chaud, dans la baignoire avec vous pendant que vous lui massez l'abdomen, ou debout dans un trotteur. Chacun devra trouver le bon dictat pour son enfant.

L'acquisition obligatoire de compétences sanitaires et sociales, vous amènera, avec votre mère, à nettoyer et à éliminer les couches souillées. L'odeur souvent très forte vous obligera à sortir souvent de chez vous, ou à recourir à ce que l'on appelle le "mangeur de couches", une sorte de petite poubelle avec des sacs de rechange. Une solution encombrante et coûteuse qui n'est pas totalement efficace. La couche de plastique reste perméable aux fèces humaines, donc aux gaz, ce qui entraînera des efforts supplémentaires pour couvrir la puanteur répandue dans la maison. Il n'y a pas de bonne solution pour retarder le départ de la maison avec le sac souillé ; vous pouvez essayer les désodorisants, mais l'idée de ne pas utiliser de couches jetables vous donnera envie de vous diriger vers les poubelles dès que possible. Voici une procédure tout aussi fonctionnelle :

1. Fermer la couche pour la jeter
2. Prenez un sac biodégradable et insérez-y une main comme un gant.
3. Saisissez maintenant la couche avec cette main et tirez-la vers vous pour qu'elle reste coincée dans le sac.
4. Pressez la couche enroulée en bas, de façon à comprimer l'air, puis enroulez celle du haut de façon à former un autre petit sac.
5. Glissez maintenant votre main dans la partie libre que vous venez de créer et repliez-la de l'autre côté, de manière à ce qu'elle contienne à nouveau la couche et la partie précédente du sac. Si vous le souhaitez, vous pouvez le faire jusqu'à une troisième fois, en fonction de la taille restante.
6. Enfin, faites un nœud et conservez-les dans un endroit fermé et sec. À la fin de la journée, les déchets doivent être pris et jetés dans les poubelles publiques.

Le développement des capacités de votre enfant

Vers l'âge de 4 à 6 mois également, les jeunes enfants commencent à saisir des objets, ce qui est une excellente occasion de jouer à des jeux amusants avec eux et d'affiner leurs compétences.

<u>Le jeu de la pince</u>

- Placez quelques jouets sur le sol ;
- Tenez l'enfant avec vos bras sur son ventre, sans que sa tête ne dépasse trop ;
- Penchez-vous et approchez-le à la bonne distance des jouets, de sorte que ses bras et ses mains soient libres de bouger et de conquérir un jouet ;

- S'il réussit, félicitez-le ("Bravo !"), sinon soulevez-le et attendez quelques secondes avant de le redescendre.

Cet exercice est important pour optimiser sa coordination main-œil et aiguiser sa perception de la profondeur.

Les ombres chinoises

- Éteignez la lumière de la chambre ou maintenez-la dans la pénombre, puis préparez une lampe de poche à côté de la table de nuit et un livre d'images pour enfants ;
- Allongez-vous sur le lit avec le petit et, d'un bras, faites comme pour l'embrasser ;
- Maintenant, allumez la torche et pointez-la vers le mur ;
- Les figures en relief d'animaux ou d'autres personnages mignons qui habitent généralement les pages de ces livres créeront une ombre plus ou moins grande ;
- Rapprochez et éloignez la torche pour redimensionner les images projetées ;
- Amusez-vous à accompagner ce jeu des vers relatifs des animaux proposés ;

Cette formation sert à développer sa capacité à discerner les chiffres, à enrichir le langage de mots qu'il n'a jamais entendus et à l'initier au monde créatif de l'art.

La navette spatiale

- Achetez un ballon à l'hélium ou gonflez-en un avec une pompe appropriée (n'utilisez pas de latex ou de caoutchouc, qui sont dangereux s'ils éclatent).
- Attachez maintenant le ballon à la cheville de l'enfant, de manière à ce qu'il plane au-dessus de lui (non, il ne l'emportera pas !).

L'activité se poursuivra avec l'enfant qui essaiera de se dégager de la ficelle et du ballon, en donnant des coups de pied et en fixant le ballon à plusieurs reprises. Cet état d'excitation et de distraction lui permettra involontairement d'apprendre la relation entre ses mouvements et ceux du ballon, augmentant ainsi ses capacités de déduction et sa conscience corporelle.

"Celui qui engendre un fils n'est pas encore un pere, un pere est celui qui engendre un fils et se rend digne de lui."

Feëdor Dostoevskij

Du 7ème au 9ème mois: la croissance continue

Finalement, dans cette phase de développement de la croissance, son estomac va également commencer à changer, en augmentant son volume et en permettant à plus de nourriture d'entrer. En conséquence, le nombre de fois où vous ou votre partenaire, surtout, devrez vous réveiller pour le nourrir avec du lait devrait encore diminuer. Le conditionnel, cependant, est un must. Il n'est malheureusement pas rare, selon de nombreuses recherches et études, de trouver des bébés présentant des problèmes de sommeil récurrents la nuit, pour environ 75% d'entre eux. La mère comptera une fois de plus sur vous pour trouver un moyen de prolonger son état "végétatif". Si vous pensiez rentrer du travail et vous amuser avec lui en improvisant un combat de lutte sur le tapis, vous vous trompiez. Au moins partiellement.

À cet égard, recherchons une fois de plus quelques stratagèmes possibles à utiliser dans le pire des cas :

Jeux par ordre décroissant

Il s'agit simplement de réaliser une série d'activités récréatives, des plus lourdes et fatigantes aux plus relaxantes et soporifiques imaginables pour l'enfant. Commencez donc par la lutte, et terminez peut-être par le biberon. Si un circuit a fonctionné un jour, il peut même continuer à le faire le lendemain. D'autre part, les enfants sont des créatures d'habitudes après tout, et préfèrent coopérer avec des jeux et des exercices qu'ils connaissent déjà.

L'étendue factice

Un remède mignon et plein d'appréhension pour préserver vos nuits consiste à parsemer littéralement une série de mannequins dans différentes positions autour du périmètre du lit de votre fils ou de votre fille. Pas trop près du visage, pas trop loin. Un compromis équitable pour que, lorsqu'il se retourne, il ne se cogne pas et ne se réveille pas. S'il arrive que son sommeil soit interrompu, elle s'habituera progressivement à tendre simplement sa petite main avant de pousser un grand cri. Procurez-vous donc au moins une douzaine de mannequins, car il n'est pas rare de les perdre pour les raisons les plus mystérieuses et inexplicables.

La consommation de lait

Une bonne rasade de lait est juste ce qu'il faut pour que non seulement son sommeil soit lourd, mais aussi son ventre ! Vous n'avez absolument pas l'intention de vous réveiller aujourd'hui pour quelque raison que ce soit ? C'est un marché. Lorsqu'il montre des signes d'effondrement pendant la tétée, vous persistez à lui donner ces quelques décilitres de lait supplémentaires. Ne vous inquiétez pas, il ne se passe rien ! Ce qui se passe, c'est qu'il se fatigue rapidement et veut fermer les yeux. Cette prise de conscience vous incite à lui donner un rapide brossage de dents avant de le mettre au lit. Je n'ai pas mentionné la nourriture solide volontairement, car ils sont plus enclins à boire le soir.

Se souvenir de sa peluche préférée

Oui, ne sous-estimez pas l'attachement que votre enfant peut manifester envers un objet particulier. Il s'agit généralement d'un T-shirt, d'une couverture, d'une voiture miniature ou d'un jouet doux plus universel. Pas une peluche de votre choix. Juste cette peluche particulière. Oui, de ce dessin animé. Si vous essayez d'en prendre un autre parce que vous ne vous souvenez pas où il l'a laissé et que vous n'avez pas envie de le chercher, sous-estimez le fait qu'il puisse même le reconnaître à son odeur.

D'autre part, il représente son ami, prêt à le rassurer et à le calmer. Vous souvenez-vous, par exemple, de la peluche que vous aimiez particulièrement, au point que vous dormiez toujours ensemble ?

La méthode Estivill

Eduard Estivill Sancho, est un médecin renommé et directeur de l'Unidad de Alteraciones del Sueno à l'Institut Dexeus de Barcelone. Sa méthode pour dormir sans être réveillé a gagné une énorme popularité. La technique consiste en trois étapes, la première étant les jeux déjà discutés par ordre décroissant d'effort. La seconde consiste à ne pas intervenir si vous entendez le cri depuis le couloir ou la pièce voisine, mais à attendre un temps suffisamment long avant d'aller le câliner. Il existe un tableau approprié à cet égard qui prend en compte plusieurs caractéristiques. La dernière phase intervient précisément dans la phase de consolation : câlins mais sans le prendre dans les bras. Cela permettrait à l'enfant d'être moins dépendant de ses parents et donc autonome pour retrouver le sommeil. La méthode suivie sans câlins prévoit un délai de seulement 7 jours avant que l'enfant apprenne à dormir seul.

Les considérations à faire à cet égard sont les suivantes : sans aucun doute, la méthode est bonne et dispose de statistiques valides et vérifiées ; d'autre part, il faut faire attention au respect strict et extrême de la non-intervention. Il faut essayer de percevoir les sentiments que ce cri veut nous communiquer ; peut-être le petit transmet-il un message de douleur et de malaise, et le fait de ne voir personne à l'horizon pendant trop longtemps pourrait l'amener à perdre confiance en ses propres parents.

La réponse est au milieu : n'allez pas trop loin en attendant qu'il arrête de pleurer tout seul si vous voulez expérimenter cette technique. L'approche doit être durable pour ne pas négliger totalement sa sphère psychologique et induire insécurité et peur. N'oubliez pas que l'amour que l'on éprouve pour son enfant l'emporte largement sur le risque de quelques nuits tardives. La meilleure solution est et reste une compréhension profonde de ses besoins et donc l'établissement d'une relation profonde et sincère, utile et éducative.

Le début des mouvements

Entre 6 et 10 mois, dans un contexte de progrès continu, viendra aussi le temps du premier crawl. Chaque enfant commencera alors son propre voyage de découverte en toute indépendance, sur ses propres pas. La mobilité, en revanche, est un facteur personnel, non seulement de temps d'acquisition, mais aussi de méthode : il se peut que votre enfant opte pour la marche à quatre pattes, les roulades, les déplacements latéraux, etc. En particulier, nous pouvons distinguer :

- Le pas de singe : le dos relevé et le petit derrière relevé, il marche à quatre pattes en se poussant vers l'avant avec les mains et les pieds.
- Poussée assise : avec les petites fesses posées sur le sol, il utilise ses mains pour se traîner et avancer lentement.
- Le roulage : pour remplacer votre aspirateur, vous pouvez le mettre sur le côté et le faire rouler sur lui-même, attirant ainsi toutes sortes d'acariens et de poussières résiduelles.
- Le soldat : mieux qu'un cadet soldat lors de son premier exercice, le petit peut décider de s'allonger sur le ventre et progresser en faisant levier sur les coudes et les genoux. Un excellent moyen de fortifier divers muscles bien sûr, qui ne lui permettront toutefois pas de réaliser grand-chose, avec la conclusion qu'il rampera avec difficulté.

- Le crawl oblique : la différence réside dans le fait qu'une jambe est tendue trop loin vers l'extérieur. La poussée de l'autre ne fera qu'entraîner un mouvement quasi circulaire.

Si la technique qu'il expérimente vous semble peu orthodoxe et inutilement fatigante, aidez-le : montrez-lui comment ramper ; utilisez le pantalon comme genouillère pour le protéger des chocs et des frottements ; encouragez-le à suivre le parcours d'obstacles que vous avez mis en place. Après de nombreux essais et entraînements dans le parcours d'obstacles, vous serez également étonné de la vitesse et de la facilité avec lesquelles il pourra se déplacer.

L'avènement des premiers pas est également synonyme de dangers imminents : sa volonté d'indépendance ne sera pas directement proportionnelle à son instinct de survie, et il tentera donc de capituler partout. Échelles, prises électriques, seaux d'eau, vous devrez être attentif à bien d'autres choses que la simple clôture à laquelle vous étiez habitué auparavant.

La meilleure façon de certifier une menace est de faire preuve d'empathie à son égard : mettez-vous à quatre pattes et, crayon et bloc-notes en main, notez toutes les façons possibles dont il pourrait se blesser. N'excluez pas les tables, les chaises, les rideaux et tout objet, même petit mais pointu, auquel vous n'avez pas prêté attention. Les risques ne proviennent donc pas seulement de sa motricité, mais aussi certainement de ce qu'il est capable de saisir avec ses bras courts et de porter à la bouche sans trop de retard. Equipez-vous d'une torche et commencez à fouiller tous les coins et recoins. Avant de poursuivre votre lecture, je vous recommande d'effectuer le test de sécurité pour vos pièces de la maison.

Essayez maintenant de simuler tous les facteurs de risque imaginables dans les différentes pièces. Je parie que vous trouverez au moins un élément sous-estimé que vous n'avez pas noté.

Le séjour

Les dangers	*Les solutions*
La cheminée	installez un panneau de manière à ce qu'aucun outil ne puisse glisser ou tomber de la cheminée.
La table basse	recouvrez les coins de la table basse avec des tampons en caoutchouc et veillez à ce que votre tête ne heurte pas ses pieds.
Le bol:	retirez les bonbons, les chocolats ou toute autre chose du bol des invités.
La plante:	déplacez-la dans un endroit qui lui est inaccessible si elle est légère, ou couvrez la terre du pot avec un filet si elle est assez lourde.
Le lecteur de disques:	si vous avez un lecteur blu-ray ou dvd qui peut actionner la porte via un interrupteur externe, couvrez-le avec une feuille de plastique de qualité alimentaire.
Les enceintes surround:	fixez les enceintes sur l'étagère ou déplacez-les vers une position plus élevée.
Les rideaux :	fermez les rideaux en hauteur pour qu'ils ne puissent pas être tirés vers le bas.
Le lampadaire:	ces lampadaires sont généralement légers et fragiles, le plus sûr est donc de les retirer complètement.
La véranda:	appliquez des autocollants de couleur sur la porte coulissante en verre et sur toutes les autres portes transparentes de la maison.
Les verres:	retirez-les de la vue et ne laissez jamais d'objet, verre, porcelaine, qui peut tomber et se casser et avec lequel vous pouvez vous couper.
Les fils électriques:	cachez bien les fils derrière les meubles et les étagères pour éviter qu'ils ne se coincent.
Les prises électriques:	couvrez bien les prises qu'il peut atteindre avec ses doigts et évitez d'utiliser des multiprises,

	des rallonges ou autres prises basses.

La cuisine

Les armoires murales:	scotchez tous les tiroirs qu'il peut ouvrir de manière indépendante, découvrant ainsi des casseroles lourdes ou d'autres produits potentiellement dangereux comme des détergents pour lave-vaisselle.
Le four et le lave-vaisselle:	assurez-vous qu'il ne peut pas être ouvert par le bas, par un angle mort.
Les aimants:	retirez tous les aimants du réfrigérateur qui sont trop bas et placez-les plus haut, là où ils ne peuvent pas atteindre.
Les chaises plastique:	évitez d'utiliser des chaises pliantes en plastique ou toute autre chaise dont les fentes et les trous sont suffisamment grands pour que vous puissiez y introduire votre tête ou vous y coincer.
Cestini per la raccolta:	cherchez un grand volume d'espace pour contenir tous les paniers que vous avez ; cela peut être le garde-manger ou un espace libre, l'important est que le petit n'ait pas la possibilité de trouver et de mettre quelque chose dans sa bouche.
Tovaglie:	préférez les sets de table plastifiés pour le petit-déjeuner ou le contreplaqué et le faux bois pour vos repas. Les nappes traditionnelles sont larges et dépassent largement les bords de la table, ce qui permet aux mains de l'enfant de les atteindre plus facilement.
Les bols pour les chiens et les chats:	il n'est pas possible de trouver un espace approprié pour placer les gamelles et la literie, il suffit donc d'être attentif au degré d'intérêt de votre enfant pour ceux-ci.

La salle de bain

La porte:	comme pour toute autre pièce, veillez à laisser un élément pour empêcher les portes de se fermer complètement, comme une serviette ou un butoir de porte non dangereux.
Le WC:	verrouillez le siège des toilettes pour qu'il n'essaie pas de s'ouvrir malgré son poids important.
Le cabinet Lavabo:	identique au précédent, il est donc conseillé d'empêcher son ouverture avec du ruban adhésif.
Le dentifrice:	éloignez les produits de salle de bains de ce type des meubles qui ont des boutons ; vous ne pourrez pas trouver de moyen de les bloquer à coup sûr.
Le sèche-cheveux:	il arrive à tout le monde de laisser le sèche-cheveux sur l'évier ou sur un meuble proche ; le fil reste en équilibre et est facilement entraîné jusqu'à ce que le sèche-cheveux tombe.
Les sanitaires glissants:	les bidets et les baignoires ultra propres ou fraîchement lavés laissent souvent une patine glissante ; le petit, en tentant de l'escalader, pourrait finir par tomber et, dans le pire des cas, se cogner la tête.
Le bidet:	un véritable lavabo bas pour les petits, par lequel ils peuvent ouvrir l'eau bouillante sans s'en rendre compte et se brûler ; appliquez un limiteur de température de l'eau ou fermez simplement le bouton d'eau chaude.
Les produits corporels:	Crèmes nettoyantes, gel de bain et de douche, shampooings usagés et à jeter sont rarement laissés au bord de la douche ou de la baignoire avec le soin de les jeter dès que possible. Les quelques gouttes qui y restent pourraient finir par se retrouver accidentellement dans les yeux de l'enfant ou, pire encore, être bu. Jetez-les

	toujours immédiatement.
Les rasoirs:	ne laissez en aucun cas des rasoirs sur les bords des baignoires des équipements et meubles de la salle de bains. Bien qu'ils puissent vous sembler ennuyeux et inutiles, votre enfant peut connaître un sort différent.
Videz la Baignoire:	videz toujours complètement l'eau qui s'y trouve.

Autres espaces:

Les câbles du PC:	il est préférable de rassembler tous les câbles bas à l'intérieur de protections tubulaires afin que l'enfant ne puisse pas les grignoter dans un moment de distraction.
Les escaliers:	si vous avez une mezzanine, un grenier ou en général des escaliers entre les étages, vous pouvez trouver sur le marché des barrières en plastique léger qui peuvent être fermées pour empêcher votre enfant de grimper imprudemment de lui-même ; quand il veut essayer, il doit être sous votre contrôle direct et éventuellement avec un tapis qui amortit la rigidité des marches.
Les radiateurs:	ils constituent une autre variable de menace dont vous ne pouvez pas simplement vous éloigner ; leurs angles aigus doivent être recouverts de tampons en caoutchouc autocollants assez épais.

Équiper votre enfant d'un petit casque peut sembler être une solution risquée, mais cela vous épargnera finalement beaucoup de petites douleurs et de pleurs que vous ne pouvez même pas encore imaginer.

Les jouets eux-mêmes peuvent être une source de danger accidentel : n'importe quelle petite pièce fragile pourrait se détacher et se retrouver dans sa bouche. Même les yeux de certains jouets en peluche se déchirent parfois plus ou moins délibérément et constituent une menace sérieuse. Testez-le avec un tube en carton qui reste de l'essuie-tout : s'il rentre dans le cylindre, il y a un risque que le bébé l'avale, et inversement, vous pouvez être plus détendu.

Enfin, pour les parents les plus anxieux et craintifs, il est possible de suivre des cours de premiers secours et de réanimation néonatale. Peut-être un peu exagéré, mais sa protection n'est jamais suffisante.

L'utilisation des écrans

Certains papas sont fermement convaincus que l'utilisation de la télévision et des téléphones ou tablettes comme écrans de dessins animés est néfaste ; d'autres exagèrent et utilisent ces outils comme un substitut à la paix et à la tranquillité. Des études pédiatriques menées par plusieurs universités sont arrivées à la conclusion que la modération, comme dans beaucoup d'autres choses, est la bonne clé à considérer. Les enfants de moins de deux ans ont besoin d'une figure parentale pour se référer et interagir, surtout lorsqu'ils sont soumis à un long dessin animé. L'exemple de notre génération est celui des films d'animation Disney, disponibles il y a longtemps via des cassettes vidéo VHS ou des DVD et désormais accessibles via la plateforme de streaming Disney+.

Votre petit ne doit donc pas être un spectateur passif, mais il ne doit pas non plus être accompagné de nombreux programmes et films d'action au contenu fort et aux changements d'images soudains. Il existe désormais plusieurs chaînes conçues et organisées pour ne proposer que ce que les enfants peuvent réellement regarder. Leurs grilles proposent des programmes anciens comme Art Attack, Barbapapa, Pingu, La Pimpa, les Teletubbies et d'autres petits documentaires éducatifs répartis par tranche d'âge. Et si vous voulez regarder des extraits de sport pendant quelques minutes, vous pouvez le faire : suivre un corps en mouvement stimulera le développement de ses muscles oculaires et sa capacité de concentration.

La télévision doit être considérée comme un complément à l'éducation et non comme un substitut : il existe de nombreuses autres formes de communication que l'enfant doit apprendre. Lire, jouer, dessiner, colorier, etc. Il existe de nombreux livres pour enfants de toutes sortes qui peuvent être encore plus amusants à aborder avec votre enfant. Donnez-leur la possibilité d'apprendre et d'expérimenter autant que possible. Au fur et à mesure qu'il grandira, vous saurez mieux ce qu'il aime vraiment faire et à quelles activités et intérêts il consacrera donc plus de temps.

A la découverte du monde

Peu avant l'âge d'un an, votre enfant deviendra encore plus dynamique et sera heureux de sortir et de rencontrer de nouvelles choses.

1) Un premier endroit serait **l'hippodrome**, rempli de chevaux à encourager pendant la saison chaude. Le palio est certainement une excellente occasion, bien qu'il soit bondé de monde. Préférez un espace plus libre, ou une zone dédiée à une foule plus calme.
2) Un deuxième lieu est la **librairie**, ou **bibliothèque**, remplie de livres de toutes sortes. Cherchez un endroit particulièrement bien pourvu en livres d'images colorés, avec peut-être un sol souple et moquetté pour permettre à votre enfant de ramper librement. Certaines bibliothèques disposent désormais d'espaces qui leur sont spécifiquement destinés.
3) Un troisième endroit est **le lavage de voiture**, automatique bien sûr. Entrer dans ces tunnels est

l'une des expériences les plus divertissantes : les brosses tournantes dans tous les sens, de différentes couleurs, et le puissant jet de mousse et d'eau sont un spectacle parfait pour les montrer. C'est un bon truc pour leur apprendre comment les machines obtiennent aussi leur "ba¬ck".

4) Un quatrième endroit est le **lavoir**, où l'on peut s'asseoir et regarder des boules et des boules de vêtements à travers le hublot. Déambulez autour des différentes énormes machines à laver, des étagères de pliage, et recevez quelques clients supplémentaires.

5) Le cinquième endroit est **la zone réservée aux chiens**, vue de l'extérieur. Les clôtures vous permettront d'être tranquille et à lui de pouvoir regarder dehors avec un peu plus de courage. Approchez-vous de la clôture surtout si vous voyez des chiens affectueux et joueurs ; des aboiements forts ou des grognements agressifs pourraient au contraire l'effrayer et le faire pleurer.

Pendant que vous êtes à la maison, vous pouvez cependant le divertir avec de nouveaux jeux. Voici quelques exemples :

1) Jeu de trois cartes : un classique indémodable, même pour les enfants, où vous devez cacher une balle. Pas besoin d'être un véritable illusionniste ou un champion de la vitesse, il suffit de faire tourner les différents verres et de se féliciter s'il choisit le bon. Ce jeu permet également d'améliorer sa mémoire visuelle, de développer son aptitude à résoudre des problèmes et de prendre note de l'existence d'objets cachés.

2) Jeu de dégustation : installez l'enfant confortablement dans sa chaise haute et préparez un festin coloré. Préparez de petits récipients en plastique avec des aliments de différents goûts et couleurs, comme des

pommes, des prunes, des haricots verts et aussi différentes textures comme des gâteaux de riz et des feuilles d'épinards. Maintenant, mettez les bols en face de lui et essayez ! Votre enfant mélangera à sa guise pour créer des chefs-d'œuvre abstraits, qu'il goûtera et appréciera davantage qu'avec un dîner traditionnel. N'abusez pas des portions pour éviter de jeter des aliments précieux. Là encore, votre petit aura l'occasion de perfectionner sa coordination œil-main et d'accroître sa veine artistique et créative.

3) Train de jouets : après avoir rempli à moitié un panier à linge de peluches et d'autres petits jouets, placez votre petit garçon ou votre petite fille à l'intérieur, couvrez-le ou la petite fille d'une couverture et placez un oreiller pour qu'il ou elle puisse y reposer son dos. Poussez la nouvelle locomotive autour de la maison, en annonçant les différentes stations et en déposant des jouets ex-passagers. Un exercice un peu éprouvant pour le conducteur, qui trouvera son énergie dans l'enthousiasme de son enfant. Si vous avez des problèmes de dos, vous pouvez utiliser un levier : attachez le panier avec une laisse ou une corde et remorquez-le de cette façon. L'enfant y affinera sa capacité à s'identifier à des personnages et des situations fantastiques et à développer une pensée séquentielle.

Le langage

Dans les semaines à partir du 7ème mois, votre enfant semblera plus intéressé par les mots que vous expliquez, les enregistrant comme un téléphone. C'est donc le moment de faire attention à ce que vous dites, de peur qu'il ou elle ne le reproduise dans des situations inappropriées et ne vous mette mal à l'aise, vous et votre partenaire. Votre petit garçon ou votre petite fille aura probablement déjà commencé à dire "pa-pa", l'un des phonèmes les plus courants de lallazione, précédant même celui de "mam-ma", au grand dam de son père. La règle non écrite veut que pour être certain qu'il a prononcé son premier vrai mot, l'expression doit être répétée trois fois dans le même contexte. Si vous pouvez aussi entendre le facteur ou un parfait inconnu se faire appeler papa, c'est parce que les enfants ne sont pas capables de comprendre exactement le sens de ce qu'ils disent, ni les catégories auxquelles les mots appartiennent.

Afin de faciliter le processus d'apprentissage du concept de nom, suivez les étapes suivantes :

- Interagissez avec lui : lorsque vous l'entendez parler une série incompréhensible de syllabes en jouant, rejoignez-le et écoutez-le même si vous ne comprenez rien. Il se rendra vite compte que la conversation est faite d'échanges.
- Nommez tout ce que vous voyez : promenez-vous dans la maison avec votre enfant dans les bras ou à proximité, et nommez tout ce que vous voyez, en le montrant clairement. Construisez une petite histoire autour de l'objet mentionné, de sorte que son nom soit présent plusieurs fois, car si vous nommez plusieurs choses rapprochées, vous ne pourrez en mémoriser aucune. Le meilleur conseil est de donner le nom le plus générique et de faire plusieurs phrases sur l'artefact en improvisant une rime ludique ou une chanson rythmée. Au fur et à mesure, applaudissez chaque correspondance correcte, car l'encouragement de ses efforts lui donnera encore plus d'enthousiasme.
- Jouer avec des livres "à dévorer" : ce type de livres interactifs, fenêtrés et tridimensionnels est très utile pour enrichir son vocabulaire, toujours dans un contexte d'apprentissage constructif et non évident. Il

n'est pas important de lire le même livre même une douzaine de fois, car il trouvera des détails différents et nouveaux à chaque nouveau tour de page. Détendez-vous et amusez-vous avec lui. Vous pouvez même inventer une histoire avec un collage de photos de vous et de vos amis, bien que de nos jours, on n'ait plus trop tendance à les imprimer sur du papier photographique.

– Jouer à cache-cache : l'esprit de l'enfant fonctionne de manière mystérieuse et parfois inexplicable, lui attribuant la croyance que tout ce qui disparaît de son champ de vision n'existe plus vraiment. Ainsi, chaque jouet qu'il échappe, chaque mannequin ou autre chose cesse d'exister dans sa réalité. Pensez au moment où vous vous couvrez le visage avec vos mains : au début, son esprit le persuade de vous considérer comme disparaissant réellement. Le jeu de cache-cache est essentiel pour qu'il saisisse le concept de permanence des objets, c'est-à-dire la possibilité qu'un objet existe même s'il ne le voit pas. Petit à petit, il assimilera cette notion et s'agitera chaque fois que vous quitterez la pièce.

La conscience du parent "éloigné" et du parent "proche" va s'accroître jusqu'à atteindre l'anxiété de séparation, c'est-à-dire la peur de l'éloignement des parents. De même, il pourrait devenir anxieux, supposons qu'il vienne vous chercher dans la cour de récréation, s'il ne rencontrait que des inconnus, des personnes donc différentes de celles qu'il a catégorisées comme parents.

Pour contenir en partie ses inquiétudes, il doit aussi se familiariser et se calmer avec de nouvelles personnes :

- Les membres de la famille qui vous rendent visite
- Baby-sitters ou enseignants de maternelle
- D'autres enfants comme lui

Dans toutes ces situations et dans d'autres, la première chose à faire est de s'approcher de l'enfant avec lui, afin qu'il puisse vous voir parler et vous aborder de manière calme et sereine. Puis laissez-le pendant un court moment, d'abord 10 minutes, puis 15, enfin 20 minutes. De cette façon, l'enfant s'habituera à l'idée que vous ne l'"abandonnez" pas ou ne le laissez pas, mais que vous faites simplement d'autres choses à proximité. L'important est de ne jamais revenir dans les intervalles de temps auxquels il s'est habitué. L'anxiété, en revanche, est un signe positif que votre enfant communique avec vous, car cela signifie qu'il a trouvé en vous sécurité et protection dès la première éducation donnée.

De la bassine de bain à la baignoire

La croissance de l'enfant s'accompagne également de l'augmentation progressive de sa taille. Il est maintenant temps de passer à la baignoire : une transition pas vraiment progressive en raison de sa taille encore tendre. Il est nécessaire de l'habituer à ce stade également, ce qui rend le processus graduel. Entrez dans la baignoire avec lui et restez-y un moment sans eau, en accompagnant éventuellement le temps de quelques jouets et en recréant ainsi l'idée d'un environnement sûr. Après s'être familiarisé avec ce nouvel espace, il peut même le considérer comme meilleur que sa chambre, puisqu'il est entouré de "hauts murs" où il peut recréer différents jeux. Profitez de cette tranquillité retrouvée pour lui donner des médicaments et lui couper les ongles, avant le bain proprement dit.

1. Avant d'ouvrir l'eau, posez un tapis antidérapant sur le fond de la baignoire et couvrez le robinet d'un couvercle souple, au cas où vous vous cogneriez la tête.
2. Remplissez maintenant la baignoire de 10 à 15 cm, en veillant à ce qu'elle soit à une température légèrement inférieure à celle qui vous semble tiède.

3. Ensuite, savonnez-le avec un savon et un shampooing appropriés ; une tasse pour bien le laver partout ; enfin, un gant de toilette et une serviette pour qu'il soit comme neuf.

Le bain idéal doit être pris les premières fois avec lui, directement dans la baignoire, afin que l'idée de confort et de protection persiste. Si votre mère ne peut pas vous aider dans ces secondes où vous entrez avec lui, préparez simplement le matelas à langer et placez-le immédiatement à l'extérieur de la baignoire. Avant d'entrer dans la baignoire ou lorsque vous devez partir, il suffit de le poser dessus, de sortir et de le prendre.

Veillez, bien sûr, à ce que le shampooing n'entre pas dans ses yeux, et pour cela, vous pouvez essayer de le distraire avec un jouet à ventouse à fixer au plafond ou sur votre front, afin qu'il mette la tête légèrement en arrière. Sinon, essayez une visière de bain, vous en trouverez dans les meilleurs magasins pour bébés.

Et n'oublions pas... comme mentionné dans les pages précédentes, il peut arriver que votre enfant soit tellement sûr de lui dans la baignoire qu'il laisse échapper une jolie torpille. Si vous pouvez comprendre le moment, avoir une grande tasse d'occasion à portée de main peut être une bonne idée pour ne pas désinfecter et tout relaver à l'éponge ensuite. Vous devriez remarquer la couleur rouge de son visage, la présence de grimaces et les rides qu'il commencera à avoir dans certains muscles.

Lors des journées les plus chargées où vous n'avez pas le temps de tout faire calmement, en harmonie et donc de prendre le bain avec lui, équipez-vous si possible d'un siège de bain. Cela vous permet de tenir le bébé en position verticale et de le soutenir davantage de l'extérieur. C'est un outil précieux à posséder, pratique grâce aux solides ventouses qui peuvent être fixées au fond de la baignoire. Si la présence inhabituelle de ce nouvel "engin" pose problème, confondez-la avec des mots doux et protecteurs et montez un petit théâtre avec les jouets flottants qu'il a déjà dans sa chambre. Vous pouvez même utiliser quelques autres objets complémentaires avec lesquels il pourra expérimenter le bain : bacs à glace, entonnoirs, passoires, balles en caoutchouc, bouteilles en plastique, louches, cartons de lait convenablement découpés en forme de bateaux, etc.

La première coupe de cheveux

Il n'y a aucune raison de s'inquiéter d'une séance chez le coiffeur pendant ses 12 premiers mois de vie, si ce n'est que la frange peut lui obstruer la vue. Il peut aussi s'agir de ce qu'on appelle les "gros cheveux", mais les cas sont rares. Dans tous les cas, vous pouvez procéder par vous-même avec quelques astuces.

Commencez par la nuque. Placez l'enfant dans la chaise haute devant la télévision, peut-être devant son programme préféré. Passez derrière lui calmement et avec des ciseaux arrondis, partez du centre et coupez dans les deux sens. Un petit morceau à la fois pour que vous puissiez corriger les erreurs éventuelles.

La France est la partie la plus difficile. Dès qu'il voit les ciseaux s'approcher, le bébé s'agite, bouge ses bras et sa tête. Il n'y a aucun moyen de le maintenir immobile même avec l'aide de sa mère, d'autre part les ciseaux ne peuvent pas risquer de le frapper. Il est donc conseillé de couper la frange lorsque le bébé dort profondément dans le landau ou l'evetto, afin qu'elle tienne une position confortable pour vous. Placez toujours votre main entre la tête du bébé et les ciseaux, le risque est ainsi réduit à zéro.

La nuque profonde de votre bébé peut également être utilisée pour lui couper les ongles. Pour les couper, utilisez des ciseaux à bouts ronds spécifiques aux bébés, ou de petits ciseaux pour les poils de nez, que beaucoup de gens trouvent plus pratiques. Si vous voyez une petite goutte de sang s'écouler, il n'y a pas lieu de s'alarmer, cela peut arriver ; la prochaine fois, maintenez le bout de vos doigts plus appuyé et tout devrait se passer sans problème. La coupe des ongles peut également être effectuée lorsque le bébé est éveillé, peut-être après un bain lorsque les ongles sont plus mous, et avec l'aide de sa mère pour le divertir et le distraire. L'important est qu'il ne bouge pas trop et ne vous empêche pas de bien orienter la direction de coupe.

"Parfois, je pense que mon pere est un accordeon. Quand il me regarde, sourit et respire, j'entends les notes de musique."

Markus Zusak

Du 10ème au 12ème mois : Vers la fin de la première année

L'enfant a presque terminé sa première année de vie, et avec cet objectif très important, le désir de manger comme un "grand". C'est à ce moment-là, en effet, que se déclenchera la répulsion croissante à l'égard de ce que nous appelions les aliments solides mais qui ne sont rien d'autre que des bouillies de différentes couleurs ; alors que faire ? Le regard de la protestation, tourné vers nos hamburgers avec frites, deviendra de plus en plus évident.

Le remplacement progressif des aliments homogénéisés permettra également à l'enfant de s'exercer davantage à la prise en pince du pouce et de l'index de la main et sollicitera donc le pouce opposable. Voyons quelles sont les suggestions à suivre pour les premiers petits substituts de repas aux bocaux d'eaux grasses concentrées.

- Les petits morceaux : les morceaux ne doivent pas dépasser la taille d'une petite pièce de monnaie, 20 à 50 cents pour être précis. Les pièces plus grandes comportent toujours un risque d'étouffement.
- Patience : il n'est pas facile de trouver quelque chose qui lui plaira vraiment tout de suite, aussi parce que, peut-être malgré sa propension à la vue, le goûter pourrait démentir vos premières impressions et les siennes. Donnez-lui du temps et laissez-le expérimenter des saveurs différentes ; il aura besoin de goûter plusieurs fois avant de vraiment juger.
- Les mélanges: après les premiers essais, vous pouvez aussi essayer les mêmes choses dans des mélanges différents. Empilez le même aliment coupé en plusieurs

couches, afin que l'enfant puisse plus facilement le reconnaître, par sa couleur et donc son goût, des autres. Il mangera ce qu'il aime et jettera le reste.

- La curiosité : pour les enfants plus réticents à renoncer à une alimentation homogénéisée et différente, vous pouvez recourir à des jeux inventés sur place pour susciter leur intérêt. Par exemple, prenez des cuillères à mesurer de taille croissante en forme de cuillère ; cachez-y de petits morceaux pour que l'enfant les goûte ; couvrez-les avec un couvercle en plastique. Maintenant, invitez votre enfant à découvrir ce qui se trouve sous chaque cuillère, à la ramasser et à l'essayer.
- De faibles quantités : l'apport quotidien d'un nourrisson juste avant sa première année reste très faible. Il faut 6 à 8 cuillères à soupe de fruits et légumes, 2 à 4 d'aliments protéinés, 8 de glucides complexes comme les pâtes, les pommes de terre, le riz et les céréales.
- Le lait : une supplémentation en lait maternel ou en lait artificiel reste strictement nécessaire, car 50 % de ses besoins nutritionnels en proviennent encore. Ajoutez-le à la fin de ses repas.

La meilleure étape intermédiaire entre le biberon et le gobelet pour boire non seulement du lait, mais aussi de l'eau, est le gobelet anti-goutte : on le trouve désormais dans de nombreux magasins d'articles ménagers et même en vente en ligne. Son but est d'empêcher le liquide de se répandre même si la tasse est retournée ou renversée, grâce à son système anti-goutte. Ils existent en différentes formes et tailles, avec des poignées pratiques conçues pour tenir les petites mains de bébé. C'est le meilleur choix que vous puissiez faire dans ce processus délicat.

Les aliments conseillés et déconseillés pour bébé

LES ALIMENTS CONSEILLES

Les céréales	Les Yaourts	Les Breadsticks
Le fromage (ricotta)	Le Poulet	Du Pain intégral
Les Flocons de lait	Des Carottes à la vapeur	Les Pêches
Les Pâtes cuites (courtes)	Des Pancakes	Les Frittes de pomme
La Focaccia	Les Lasagnes nature	Le Tofu
Le Cocombres marinés	Les Crackers à l'osella	Le Jaune d'oeuf dur
L'Avocat	La Banane	Les Flocons de lait
Les Biscuits de blé entier	La Viande hachée	

LES ALIMENTS DECONSEILLES: ces aliments pourraient déclencher des réactions indésirables, notamment des réactions allergiques, ou nuire à l'organisme et provoquer un étouffement involontaire.

Les Pop-corn	Les saucisses fumées	Les crudités
Du miel	Le lait de vache	L'albumen
Les agrumes	Le beurre de cacahuète	Les fruits séchés
Les mirtilles	Les saucisses	

Il va de soi de réduire autant que possible la présence de graisses saturées, de sel et de sucres ajoutés dans les plats proposés.

Si vous allez au restaurant ensemble, recherchez les établissements qui s'efforcent de répondre aux besoins des familles de nouveau-nés. Vous pouvez également le deviner par la présence de certains éléments clés, qui soulignent l'ambiance informelle et chaleureuse, tels que : plateaux en plastique, sauces en vue, télévisions, autres parents avec enfants, chaises hautes, etc. Il est évident que vous avez encore un enfant très jeune, qui n'est pas disposé à tenir longtemps sans s'ennuyer et sans pleurer en guise de manifestation, mais si vous trouvez un bon compromis, vos amis ne vous en voudront pas de votre présence. Tavernes, agritourismes, trattorias, pubs, fast-foods et pizzerias déjà éprouvés devraient constituer votre choix. Les premiers offrent généralement un espace bruyant et gai, et l'ajout éventuel d'animaux de ferme et de jardins permet de rester et de se distraire plus facilement. Les autres suivent, peut-être avec des temps de préparation de plats courts et généralement avec quelques enfants pleurnichards.

Les astuces, en revanche, pour préserver la soirée en compagnie, consistent principalement à :

- Le moment de la journée : ne pas aller dîner après 20 heures, afin d'éviter une " maison pleine " et de retarder la période d'hostilité du bébé due à la fatigue.
- Repas à la maison : n'allez pas manger si l'enfant est presque à jeun, sa nervosité se fera certainement sentir s'il s'avère avoir faim. Préparez un repère pour lui peu de temps avant.
- Sièges : disposer d'une couverture confortable pour se lever et sortir rapidement en cas de pleurs est une excellente décision stratégique. Préférez également les sièges près d'un aquarium, s'il est présent, ou d'une fenêtre, pour une diversion efficace pendant le repas.
- Jeux à table : il peut être utile d'emporter dans son sac à dos des jeux ou des livres non invasifs pour se divertir.
- Les quarts de travail : au premier signe de pleurs, sortez le bébé pour le promener dans vos bras. Alternez maman et papa lorsque vous sortez et optez pour des aliments qui ont bon goût même lorsqu'ils sont chauds.
- Nappe libre : n'entourez pas son siège d'assiettes ou de verres, sinon la portée de ses bras pourrait lui causer des ennuis en quelques secondes de distraction. Prévenez également les serveurs de faire attention à l'endroit où ils déposent les plats chauds, pour éviter d'autres surprises désagréables.

D’autres endroits d’où admirer le monde

Maintenant que votre enfant est capable de s'asseoir et de faire ses premiers pas timides, il est bon d'envisager de visiter d'autres espaces que les jardins sous la maison.

Chantiers de construction
S'il vous arrive de passer devant un chantier de construction, où il est facile de voir des camions, des grues qui soulèvent des poutres et des ouvriers qui coulent et nivellent du béton, arrêtez-vous un instant. Expliquez à votre enfant ce que font les ouvriers en général, afin qu'il puisse rapidement trouver des analogies avec certains dessins animés de niche, comme Bob le réparateur.

Fêtes d'anniversaire d'autres enfants
Une occasion à ne pas manquer de parler avec d'autres parents de problèmes communs, et pour votre enfant de passer du temps avec ses pairs dans un environnement sûr, avec de nombreuses collations et activités pour le distraire.

Agritourisme et « agri-glaces »
En été surtout, ces destinations deviennent parmi les plus populaires lors des chauds dimanches après-midi. Balançoires, toboggans, canards, poulets et autres animaux de la ferme rempliront de joie et d'enthousiasme votre petit, qui vous remerciera par des sourires et de magnifiques photos.

Lacs, rivières, parcs naturels et mer
L'évolution de la quintessence du petit jardin, tous offrent des sorties insolites que vous pouvez faire avec la bénédiction de votre maman. Si vous avez de la chance et que vous trouvez le jour et un endroit tranquille, vous pouvez même profiter d'un dîner aux chandelles au bord de l'eau ou avec une vue sur le lac.

Développer ses capacités

Dès que votre enfant est plus à même de perfectionner ses premiers pas en position "bipède", vous pouvez vous engager avec lui dans de nouveaux exercices pour améliorer ses compétences.

Par exemple, la tauromachie : à l'aide d'un chariot "premiers pas" solide et bien ancré, auquel votre enfant peut s'accrocher, encouragez-le et revivez avec lui les moments où le taureau se déchaîne. Placez une serviette de couleur dans le coin opposé et incitez-le à venir vers vous ; lorsqu'il vous atteint, passez-lui la serviette sur la tête et courez vers le côté opposé de la pièce. Il sera excité et courra après vous, améliorant ainsi son équilibre, sa coordination et optimisant sa marche.

Un autre jeu amusant consiste à simuler un hamac. Prenez une couverture sur le sol, placez l'enfant dessus et attrapez les deux coins de la couverture : veillez à garder une prise ferme et commencez à la balancer. D'avant en arrière, en faisant attention de ne pas se cogner contre les meubles. Certains enfants aiment ça, d'autres non : d'un autre côté, c'est aussi une méthode pour apprendre à connaître les intérêts, les inclinaisons et la personnalité de votre enfant.

Sa nouvelle incapacité à marcher, voire à courir librement, vous fera admirer son insouciance incontrôlée d'une part, et prendre les mesures de sécurité appropriées pour ramener votre enfant à la maison en toute sécurité d'autre part. C'est à ce moment que vous devrez faire plus attention que d'habitude aux vêtements que vous lui mettez et les choisir avec maman, donc trouver des vêtements qui peuvent offrir une prise pour l'arrêter à temps avant qu'il ne s'éloigne trop et qui le couvrent de la tête aux pieds, afin d'amortir les chutes et les blessures par égratignure. Je fais donc référence aux sweat-shirts à capuche, aux pantalons à passants, aux bretelles, aux chemises à manches longues, aux casquettes et aux vêtements similaires. Utilisez la capuche pour attraper votre enfant avec votre main avant qu'il ne se dirige vers un quelconque danger.

Son contact avec les appareils électroniques

L'intérêt pour les appareils technologiques grandira avec l'âge, mais votre petit sent déjà le pouvoir que ces objets exercent sur vous. Le téléphone portable et la tablette surtout, étant portables, attireront davantage son attention et il essaiera à chaque occasion de s'en emparer. Il existe certainement de nombreuses variantes de jouets en plastique coloré, mais il se rendra vite compte qu'il a la version "contrefaite" et courra à nouveau après l'original. La méthode la plus persuasive pour le détourner de son objectif est de préparer un faux tiroir où vous pourrez ranger les vieux équipements qui ne fonctionnent pas ou que vous n'utilisez plus. Prenez soin de vérifier qu'il n'y a pas de pièces qui peuvent se casser et être avalées, et rassemblez-les dans un tiroir facile d'accès pour lui, c'est-à-dire à sa hauteur. Lorsqu'il s'approche, vous devez lui lancer un regard sévère pour qu'il ne puisse pas voir qu'il s'agit d'une version non authentique.

La même astuce peut d'ailleurs s'appliquer à toutes les autres sphères de la vie quotidienne : cuisine, bureau, salle de bain, où vous pouvez installer autant de tiroirs avec des faux pour que l'enfant croie qu'il a pu découvrir. De cette façon, après quelques fois, tant qu'il ne découvre pas d'autres endroits d'où proviennent les originaux, il perdra l'intérêt de courir après quelque chose qu'il peut toucher quand il veut.

Quelques conseils pour le changement de la couche

Le petit trotteur qu'est votre enfant en aura bientôt assez de s'allonger encore et encore sur la table à langer pour être changé. Les attitudes typiques consistent à essayer de s'écarter du chemin, à agiter les bras de manière agitée et à se balancer au point de risquer un plongeon vers le sol. Dans ces moments-là, et en l'absence du second parent, il est bon de trouver une solution pour changer la couche malodorante qu'il porte.

Une première idée peut être de le changer debout, en prenant les précautions nécessaires :

1. Distrayez l'enfant avec un petit jouet soigneusement préparé sur la chaise ou le canapé : faites semblant de jouer avec pour qu'il ne se rende pas compte qu'il s'agit d'une distraction.
2. Dès qu'il s'approche, attiré par le bruit que vous faites, faites-le s'appuyer contre la chaise ou le canapé, en le tenant fermement avec la main au cas où il perdrait l'équilibre.
3. Maintenant, dézippez-le, en soulevant la grenouillère jusqu'au col s'il vous dérange pendant le processus. Essayez de réduire le temps nécessaire pour terminer, afin d'éviter tout événement désagréable ou d'empêcher votre enfant de se lasser plus tôt que prévu.

Une alternative plausible si vous êtes à l'aire de jeux et que vous ne pouvez pas attendre que l'enfant rentre à la maison peut être de le changer sur vos genoux. Par rapport à la solution précédente, l'enfant regarde vers vous, donc en plus d'être rapide, vous devrez être un bon acteur pour le distraire pendant que vous vous déplacez avec vos mains pour le changer. Apportez peut-être quelques chapeaux ou des jouets en ficelle, ce qui vous fera gagner quelques précieuses secondes.

Apportez également des sacs en plastique, des lingettes imprégnées, des petites serviettes et de la monnaie lorsque vous sortez. Il peut arriver que l'enfant ait un accès soudain de diarrhée et souille non seulement sa couche mais aussi les vêtements qu'il porte. Une situation désagréable et déplaisante à laquelle vous devrez remédier. Si, en revanche, il se présente à la maison, on peut espérer qu'il n'est pas assis sur le canapé ou sur le tapis, et que vous pouvez facilement nettoyer la surface où toute la saleté s'est incrustée.

Un dernier exemple que je suggérerais est la nuit, qui est aussi un moment qui n'est pas exempt d'occurrences aussi bien singulières que désagréables. Gardez toujours des paquets de couches de rechange, car le jour où vous en aurez besoin et que vous ne les aurez pas, ce sera un sacré nœud à défaire. Dans le cas peu probable où cela se produirait, vous pouvez fabriquer une couche d'urgence avec ce que vous trouvez d'utile dans la maison. Je propose :

1 essuie-tout propre
1 chaussette éponge propre
1 rouleau de ruban adhésif

Les instructions sont les suivantes:

- Retirez l'ancienne couche aussi proprement que possible pour ne pas répandre la saleté (utilisez des ciseaux si nécessaire) ;
- Posez le torchon sur une surface plane et placez la chaussette au milieu ;
- Pliez le torchon pour former un carré et placez l'enfant dessus ;
- Faites un autre pli en partant du bas, entre les jambes du bébé et vers l'intérieur, là où se trouve le nombril ;
- Tenez les coins inférieurs du torchon sous le dos du bébé, puis faites se chevaucher les deux coins supérieurs avant de les fixer ;
- Si l'entrejambe du torchon arrive trop bas ou est large, repliez-le et collez plus de ruban adhésif pour mieux le fixer ;

- La dernière étape consiste à essayer de rendre l'œuvre plus imperméable en recouvrant la surface autant que possible avec le ruban adhésif restant, sans qu'il entre en contact avec la peau fragile du bébé.

Même s'il peut sembler absurde de recourir à certaines méthodes, savoir déjà plus ou moins comment éluder le problème est la bonne attitude dans ce cas comme dans beaucoup d'autres.

Comment faire rire votre enfant

La maman est une figure de référence pour le lait et l'alimentation, tout comme le papa pour le bain et les divertissements. Les tâches ménagères ne disparaîtront pas soudainement avec l'arrivée du nouveau parent, vous devrez donc partager les tâches avec votre partenaire. L'une de ces tâches généralement attribuées à papa est précisément le rire. Chaque petit apprécie et s'amuse des situations différentes et des événements imprévisibles qui lui sont propres, même s'ils sont petits mais totalement aléatoires : un fruit qui roule sur la table, un coup sur la tête ou un faux pas, un éternuement bruyant, etc.

Pour déclencher l'enlèvement volontaire de votre enfant, en revanche, il existe de nombreux moyens, notamment :

Simuler d'être un bébé:

- Mettez l'une de ses tétines dans votre bouche, à l'envers, et essayez de la sucer, pour finalement la recracher en signe de mécontentement.
- Faites semblant de boire dans la bouteille de l'autre côté pendant qu'il le fait.
- Rampez maladroitement sur le sol pour qu'il vous poursuive.

Faire l’idiot :

- Tenter de mettre son short ou ses chaussures sur votre tête
- Mettez un petit jouet en caoutchouc sur votre tête, en faisant semblant de ne pas le trouver ; puis laissez-le tomber sur le sol et prenez un air étonné.
- Imitez le rire de votre mère ou celui de certaines de ses marionnettes.
- Renifler ses pieds, faire une grimace de mépris et commenter avec une phrase inhérente.
- Touchez le ventre du bébé avec votre doigt et faites un bruit de pet ; répétez chaque fois que vous le touchez.
- Allongez-vous avec lui sur le lit et faites semblant de ronfler ; dès qu'il essaie de vous réveiller, faites-le-lui savoir en prononçant quelques phrases agacées mais amusées.

Faire l’animal

- Aboyer autour de la maison comme un chien et tenir une de ses chaussettes, l'incitant à vous poursuivre en rampant (c'est encore mieux si vous avez un chapeau à oreilles de chien).
- Miaulez comme un chaton et faites semblant de tourner en rond comme si vous vouliez attraper votre propre queue.

Faites semblant de vous être fait mal

- Colpire la testa con una bottiglia d'acqua vuota, emettendo qualche gemito.
- Come nel miglior simulatore di calcio, fate finta di inciampare in qualcosa che trovate sul pavimento o all'angolo della sedia e buttatevi sul divano.
- Prendete una bottiglia spray e puntatela su di voi o sui vostri capelli; arrampicatevi su qualcosa per paura.

Voyager en avion avec le bébé

Chaque compagnie aérienne dispose d'installations pour changer les enfants, généralement situées près des toilettes à l'arrière de l'avion. Il est important de connaître la réglementation et de s'assurer d'apporter l'équipement le plus approprié : trousse de premiers secours, jouets préférés, quelques changes, un grand porte-bébé pour contenir les changements de température auxquels le petit est soumis dans l'avion et l'aéroport.

Avant le décollage, il faudra tenir l'enfant dans vos bras, attacher votre ceinture de sécurité et lui donner du lait au biberon et une tétine. Ces dernières précautions atténueront la douleur dans les oreilles typique des changements d'altitude, notamment lors du décollage et de l'atterrissage.

L'âge minimum n'est généralement pas une limitation majeure, car 8 jours suffisent, et au lieu d'occuper un siège, ils doivent être tenus ou placés dans des sièges et des lits spécifiques. Les règles et les billets spécifiques dépendent de la compagnie choisie. Veuillez donc les lire attentivement lors de la réservation.

Les sièges à privilégier sont ceux qui se trouvent près des toilettes, à l'arrière, ou là où il y a plus de place pour bouger ; sachez toutefois que, bien que les sièges du milieu près des portes de sécurité soient par nature plus larges, ils ne seront pas autorisés en présence d'un jeune enfant.

Voici quelques bonnes précautions à prendre pour que le voyage se passe le mieux possible :

1. **Augmenter la probabilité qu'il dorme**
   - Choisissez une heure de départ qui a plus de chances de coïncider avec son heure de sieste habituelle.

- Arrivez tôt à l'aéroport, afin de pouvoir profiter des tapis roulants, des boutiques lumineuses, comme d'un élément excitant avec lequel vous distraire et vous fatiguer.
- Dès que la porte s'ouvre pour l'embarquement, soyez prêt dans les premières rangées (c'est encore mieux si vous avez un billet prioritaire) ; ou, attendez simplement d'être le dernier.
- Consultez éventuellement votre médecin pour qu'il vous recommande des gouttes naturelles calmantes et relaxantes pour les muscles, avec lesquelles il pourra s'endormir plus facilement.

2. Nourrissez-le pendant le décollage et l'atterrissage

- Faites-lui boire du lait au biberon comme prévu, et augmentez la dose plus tard avec une tétine pour atténuer la gêne ressentie du fait du changement de pression.
- Vous pouvez utiliser du lait en poudre au cas où vous ne pourriez pas en acheter après le contrôle de sécurité ; demandez de l'aide aux hôtesses de l'air.

3. Traiter les conséquences du mal de l'air

- Il n'est pas rare que votre enfant souffre pendant le vol et tombe malade. Préparez-vous en emportant des pièces de rechange, et mettez une combinaison hydrofuge si possible. Cette combinaison vous permet de repousser le vomi qui se dépose sur vous sans salir vos vêtements.
- Adaptez les circonstances en essuyant les dégâts à l'aide de lingettes et éventuellement de petits chiffons. Il ne sera pas facile de changer le bébé dans la microscopique salle de bain de l'avion, il faudra donc être patient jusqu'à l'arrivée.
- Les sacs en plastique, quant à eux, vous permettront de recueillir les vêtements mouillés, les couches souillées et autres restes ramassés par accident.

4. **Equipez-vous de jouets**
   - Essayez d'apaiser son agitation naturelle avec ses jouets et marionnettes préférés.
   - Au cas où vous seriez à court de ressources ou à court d'idées, essayez de fabriquer une marionnette sur place à partir du sac placé devant votre siège. Coloriez-le avec un feutre de couleur ou noir, en dessinant la ressemblance d'un visage avant de le placer sur votre bras dans l'espoir de faire rire l'enfant et de le distraire.
5. **Attirer la curiosité du passager à côté de vous**
   - Si vous remarquez l'envie de parler d'un passager, profitez-en pour divertir votre petit. Entamez vous-même une conversation en engageant l'enfant sur le ton de la plaisanterie et en lui demandant de répondre aux questions du passager voisin.
6. **Préférer les sièges réservés aux porte-bébés**
   - Comme indiqué, presque toutes les compagnies aériennes proposent désormais des sièges réservés à cet effet.
   - Par ailleurs, le porte-bébé est la meilleure solution pour garder vos bras libres et assister votre petit bout de chou rapidement et confortablement.

Les vacances dans un hôtel ou une maison d'hôtes

Après être arrivé à destination, il sera temps de vous équiper de ce dont vous avez besoin pour passer un séjour agréable avec votre enfant. Si vous avez choisi un hôtel ou une pension de famille, les longs couloirs recouverts de moquette seront une source irrésistible pour votre petit bout de chou, qui pourra ainsi aiguiser ses talents à quatre ou deux pattes. Ce monde est pour eux complètement nouveau et gigantesque, plein de branches et de lieux possibles à explorer. Accompagnez-le dans ce voyage, en attirant son attention sur les jeux de lumière, les tableaux d'art impressionniste ou futuriste, et les distributeurs automatiques de boissons et de snacks.

Avant de procéder à la visite exploratoire, il est plus pratique d'éliminer d'abord les tâches pénibles mais nécessaires, comme le déballage et la sécurisation de la pièce.

Pour ce dernier besoin, demandez à l'établissement d'accueil s'il dispose de kits adaptés, ou d'autres accessoires utiles tels que : du ruban isolant et adhésif, des protections en caoutchouc, et tout ce à quoi vous pouvez penser en inspectant la pièce.

Par conséquent, retirez tous les objets dangereux tels que les trombones, les pièces de monnaie ; assurez-vous qu'il n'y a pas d'arêtes vives ou de surfaces en bois ; couvrez les prises électriques ; verrouillez les portes du minibar et des armoires pour éviter que votre enfant ne se cogne la tête ; contentez-vous de chaussettes rembourrées ou pliées pour couvrir les coins pointus ; placez des post-it de couleur sur les fenêtres en verre transparent ; rassemblez et attachez les rideaux et empêchez l'accès à la salle de bain.

Pour faciliter le sommeil, n'oubliez pas le lit d'enfant : les meilleurs hôtels en proposent, mais il est préférable de s'en assurer au moment de la réservation. Ces lits sont équipés d'un matelas moelleux sur lequel le bébé peut se reposer. Il suffit de tester la solidité du cadre et sa sécurité s'il est légèrement plus haut que le sol. Éliminez les lumières vives des appareils en veille et couvrez les éventuels bruits extérieurs par un son blanc naturel.

Lorsque vous restez dans votre chambre pendant la journée pour prendre une douche, arrangez-vous avec votre partenaire pour tenir et converser avec votre petit, en l'emmenant faire une promenade dans les couloirs. Changez de rôle dès que l'autre a terminé.

Si, par contre, vous êtes un casse-cou ou si vous ne voulez pas renoncer à l'expérience en pleine nature que seul le camping ou une tente peut vous offrir, je choisirais personnellement au moins une caravane bien équipée et un camping bien achalandé. Il va sans dire que le choix d'une tente implique à lui seul un haut niveau de préparation préalable, une grande tolérance aux pleurs, une capacité d'adaptation et un esprit d'équipe non négligeable. Pensez, par exemple, à la façon de vous débarrasser de ses couches souillées si vous n'avez pas de poubelle à disposition ou si vous êtes loin d'un cours d'eau.

La nature a certainement beaucoup plus à offrir en retour au nouveau marcheur, mais en même temps beaucoup plus d'embûches : sol glissant, insectes de toutes sortes, etc. Son désir d'aller quelque part, de toucher et de mettre ses mains dans sa bouche, vous fera bientôt, peut-être, reconsidérer le potentiel d'une excursion.

Dans tous ces cas et dans d'autres cas similaires, comme la traditionnelle et reposante journée à la plage ou au lac, équipez-vous d'une crème de protection solaire de qualité maximale, résistante à l'eau, pour protéger la peau délicate de votre enfant, même lorsqu'il se baigne. Évitez toujours les heures les plus chaudes, même sous le parasol, et consultez votre pédiatre avant d'utiliser des crèmes insectifuges.

La première fête d’anniversaire

La première année de croissance de votre enfant sera un événement inoubliable, plus pour vous que pour lui, dont il ne se souviendra certainement pas et qu'il pourra difficilement apprécier et apprécier. C'est cependant une occasion incontournable pour tous les grands-parents, tantes et oncles qui aiment voir les changements physiques et savoir de vous tout ce qu'il ou elle a fait. Le bonheur du petit, quant à lui, dépend de quelques facteurs, comme un nombre limité de personnes, la présence de nourriture et le temps en dehors de ses siestes. Des fêtes impromptues avec des animateurs déguisés en personnages de dessins animés que vous pouvez garder pour quand il sera plus grand.

En ce qui concerne les cadeaux, si les invités sont particulièrement désireux de vous offrir quelque chose, recommandez quelque chose qui tienne compte des intérêts manifestés jusqu'ici. Évitez les autres jouets que vous ne savez plus où mettre et contentez-vous à la limite de T-shirts et de shorts pour l'avenir, quand sa taille augmentera. La fête doit en fait être vécue comme une réunion tranquille au cours de laquelle vous pouvez comparer vos notes et échanger des conseils avec d'autres parents.

"Un homme vraiment riche est celui dont les enfants courent dans ses bras meme lorsque ses mains sont vides."
Anonimo

Du 12ème au 24ème mois: Vers l'infini

La première année de vie est considérée sans hésitation par la plupart des parents comme la plus intense et la plus épuisante, celle qui renferme le plus d'émotions : d'un côté la joie et la douceur, de l'autre beaucoup d'inquiétudes et de craintes. Vous avez éprouvé des sentiments contradictoires, un immense bonheur alternant la plupart du temps avec une grande fatigue et un désir d'équilibre et de régularité. Après avoir affronté les inconnues liées à l'allaitement, l'heure du coucher, les coliques, les poussées dentaires, le retour au travail et à la vie sociale, vous êtes probablement convaincu qu'à partir du 13e mois, tout sera facile.

Les difficultés que vous rencontrerez avec votre mère ne seront cependant pas moindres dans les années à venir, même si cette fois-ci vous bénéficierez de manière plus réaliste d'un sommeil supplémentaire pour réfléchir. À présent, la famille a pris une certaine mesure de ses propres tâches, de la manière de s'occuper du petit, et d'avoir un degré de confiance en soi et une capacité d'analyse qui lui permettent d'aborder les problèmes avec plus de confiance.

Le premier nouveau défi de cette année est le changement du point de vue de l'enfant. Entre 10 et 14 mois, en effet, votre enfant, à de rares exceptions près, devrait être capable de marcher de manière autonome, acquérant entre autres une plus grande stabilité et une plus grande vitesse. Cela représente pour lui une révolution : il voit et peut potentiellement atteindre seul des objets qui lui étaient auparavant interdits, et il se sent libre de découvrir le monde sans être nécessairement porté. Son grand désir d'apprendre et de vivre de nouvelles expériences s'accompagne d'une énorme dépense d'énergie pour rester près de lui. Il ne fait aucun doute qu'il faut davantage d'attention, de présence et surtout de conscience : l'exploration contrôlée ne doit pas être entravée mais encouragée afin de favoriser sa croissance et sa curiosité dans un tout nouveau monde.

Votre petit, plus ou moins progressivement, prendra conscience de lui-même et tout son parcours sera caractérisé par la tentative de comprendre jusqu'où il se distingue de papa et maman, et donc jusqu'où il peut aller. Ce cheminement progressif mène à ce que l'on appelle les "**terribles deux ans**", une phase au cours de laquelle le petit enfant répond par un "non" à tout ce qu'on lui propose, simplement pour affirmer son indépendance. Si vous étiez convaincu d'avoir élevé un petit ange, vous devez probablement y repenser. Même les plus pacifiques, souriants, obéissants et accommodants au début, se transforment soudainement en petits dictateurs despotiques. Sans se rendre, les scélérats imposent le dernier mot au prix de crises de colère pouvant durer jusqu'à plusieurs dizaines de minutes, accompagnées de cris, de pleurs et, le cas échéant, de scènes d'hystérie.

Il vous faudra beaucoup de patience, car c'est une période qui va durer. Vous devez rester ferme et déterminé dans vos règles, même si les "digues" sont plus souples que par le passé. Laissez-le libre de tester et éventuellement de faire des erreurs, dans le cadre de certains préceptes, en le récompensant en cas de succès. Des actions débridées renforceront son estime de soi et en même temps le besoin de suivre à nouveau votre exemple et vos conseils. Détaillons pour cette deuxième année, les différents changements dans chaque domaine : Nutrition, Langage, Sécurité, Discipline et Activité.

La nutrition

Hippocrate disait : "que la nourriture soit ton médicament et que le médicament soit ta nourriture".

Vers le sixième mois, nous avons vu qu'il devient possible de compléter le lait maternel ou le lait artificiel par des aliments pour bébés ou des aliments pour bébés, ce qui peut également permettre au bébé d'assimiler les premiers nutriments pour sa nutrition. De nombreux parents auront même déjà essayé de préparer certains repas pour eux-mêmes, dans des aliments que leurs petits peuvent essayer et mâcher, comme la viande hachée, la volaille, les gressins, les crêpes et même les chips bien-aimées. Si, toutefois, du sixième au douzième mois, ces tentatives étaient considérées presque comme des jeux, il commence maintenant à devenir vraiment important qu'ils absorbent les premiers minéraux, en particulier le fer, et les autres vitamines.

Deux voies s'ouvrent alors : le sevrage traditionnel ou l'autosuffisance.

1. **Le sevrage traditionnel** est basé sur des aliments pour bébés homogénéisés, des soupes et des potages spéciaux, grâce auxquels l'enfant peut compléter le cadre nutritionnel nécessaire pour prévenir l'apparition de maladies connexes, telles que l'hypertension, l'obésité et le diabète à l'âge adulte. Dans cette gamme, la philosophie est la suivante : une nutrition spécifique pour des besoins garantis et sûrs jusqu'à la deuxième/troisième année. Des études récentes ont d'ailleurs revu à la baisse le schéma trop rigide et programmé qui prévoyait : d'abord uniquement du bouillon de légumes, de la crème de riz ou de maïs ; puis aussi une cuillère à café d'huile et une de parmesan ; ensuite de la viande lyophilisée et des légumes cuits et en purée ; puis des légumineuses et du poisson ; enfin

des œufs, des tomates, des fraises et des fruits secs après le premier anniversaire. Cette rigueur trop ponctuelle a favorisé l'apparition d'allergies alimentaires.

Or, il ne faut pas comprendre tout et tout de suite, mais il faut maintenir une certaine **progressivité**. L'enfant a besoin de temps pour s'adapter aux nouveaux goûts, il est donc conseillé d'introduire un seul aliment à la fois, en le réintroduisant pendant 2 ou 3 jours d'affilée avant de changer. Cela préserve une variété adaptée au régime alimentaire et la possibilité d'expérimenter différentes choses. Le même principe s'applique à la consistance des aliments pour bébés, du semi-liquide au crémeux, du semi-solide au haché.

Le repas typique peut être le suivant : gruau avec bouillon de légumes ou crème de céréales - un type de légume cuit et écrasé - un fruit - un petit morceau de pain - une source de protéines. Ce dernier doit toujours être proposé une fois par jour, et peut être alterné avec de la viande hachée, du poisson, des légumes secs ou des œufs. Le fromage est à exclure car il est généralement déjà contenu dans les plats cuisinés.

2. **L'Autosuffisance**, en revanche, ne propose pas de préparer des aliments spéciaux, séparés, uniquement pour le bébé, mais de proposer l'alimentation de papa et maman. Elle est également appelée alimentation complémentaire à la demande, ou ACR, car l'aliment proposé doit effectivement avoir un apport nutritionnel complet, complétant efficacement la tétée du lait maternel ou du lait artificiel. Il ne supprime pas le lait mais le complète avec d'autres aliments, en faisant goûter au bébé de petits extraits de son propre repas. Avec de la **variété**.

   La demande d'aliments solides consiste en la reproduction spontanée des gestes parentaux par les jeunes enfants. À ce stade du développement, lorsqu'un enfant est confronté à ses parents en train de manger, il s'intéresse à ce qu'il les voit faire à table et tente de mettre en marche ce mécanisme d'imitation. Ainsi, d'une manière tout à fait naturelle et calme, maman ou papa peut proposer ce qu'il mange, lui permettant ainsi de le goûter. L'expérience qu'il a ainsi acquise lui permet de reconnaître les odeurs qu'il a déjà perçues pendant l'allaitement à partir de l'alimentation de ses parents et les saveurs présentes inconsciemment dans le liquide amniotique. En outre, il se rend compte que, comme le lait, la nourriture coupe la faim ; il commence donc à apprécier positivement ce plat et à en tomber de plus en plus amoureux. L'âge idéal est celui où l'enfant a atteint une maturité cognitive et neuro-motrice telle que, en plus de montrer de l'intérêt, il peut effectivement saisir les couverts avec ses mains et bien mâcher et avaler. C'est pourquoi, s'il n'est pas prêt et que la tentative échoue, essayez à nouveau une semaine ou quelques jours plus tard. Il est essentiel de comprendre en général que chaque enfant a des rythmes différents. Ainsi, certains de vos enfants seront prêts à six mois seulement, tandis que d'autres ne voudront pas savoir avant un an et demi.

Les aliments à éviter sont les mêmes que pour le sevrage traditionnel, avec une attention particulière pour le miel, la charcuterie, les fruits de mer crus, la viande crue, les boissons gazeuses et le café, le thé et les jus de fruits, et la limitation des fromages gras et des sucreries.

L'autosuffisance présente l'avantage supplémentaire d'habituer l'enfant à partager ses repas avec sa famille et à socialiser avec ses frères et sœurs ou ses parents. Dans ce cas, il est toutefois essentiel de modifier les éventuelles lacunes de son régime ou de son mode de vie alimentaire habituel, en l'enrichissant de plats nutritifs. D'où l'importance de ne jamais manquer de fruits et de légumes sur sa table, et de conserver autant que possible un régime méditerranéen complet. En revanche, adopter un critère de sevrage traditionnel pour pouvoir se permettre de continuer à manger de la "malbouffe" serait de courte durée, car dès la troisième année, l'enfant devra de toute façon manger les mêmes plats que vous. C'est pourquoi il est préférable de considérer l'autosvezzamento comme une occasion de revoir immédiatement son régime alimentaire.

D'un point de vue scientifique, les deux approches sont valables ; il n'existe pas encore d'études sérieuses et approfondies qui mettent en évidence des problèmes pouvant être appliqués1. Vous pouvez toutefois suivre les lignes directrices suivantes, qui s'appliquent à tous à partir de la deuxième année :

- **Les enfants s'autorégulent :** au cours de la deuxième année, la croissance se déroule à un rythme plus lent et les besoins caloriques par kilogramme de poids sont réduits. Une diminution de l'appétit du bébé peut être perçue comme une situation de risque nutritionnel, mais ce n'est pas forcément le cas. Les enfants prennent eux-mêmes les portions de nourriture dont ils ont besoin, il n'est pas nécessaire de les forcer ; s'ils sautent le déjeuner, ils trouveront quelque chose pour le dîner. Il n'y a rien d'étrange à ce qu'ils alternent des périodes de plus grand appétit avec des périodes de moindre appétit.
- **Cinq repas par jour :** il est bon de commencer à diviser la journée en petit-déjeuner, déjeuner, dîner et deux collations. Évitez autant que possible les grignotages, afin de ne pas perturber le cycle naturel faim-satiété.
- **Le petit-déjeuner et le goûter :** entraîner l'enfant à prendre un petit-déjeuner composé de quelques glucides, d'une source de protéines et d'un fruit, permet de mieux répartir les calories sur la journée et aide le corps à s'autogérer sur le plan énergétique, même à l'adolescence.

Du lait ou un yaourt, des gâteaux ou des biscuits et un fruit. Les smoothies ou les jus à base de fruits frais sont les bienvenus.

- **Déjeuner et dîner :** ils doivent être conçus comme des repas plus complets, en évitant le classique "maquereau" et en privilégiant une source de protéines.
- **Les fruits et légumes :** des nutriments essentiels qui ne devraient jamais manquer. Hachez, réduisez en purée, mélangez ou hachez pour que l'enfant puisse manger. Ils contiennent naturellement une bonne source d'eau, ce qui est important pour assurer une hydratation adéquate.
- **Cuisson à la vapeur ou au four :** la méthode de cuisson à la vapeur ou à la pression réduit les pertes nutritionnelles du poisson et des légumes, tandis que la cuisson au four permet simplement de cuisiner sans ajouter de graisse. Pour cette raison, lâchez beaucoup sur les fritures qui, en introduisant de l'huile, apportent beaucoup de calories.

Patience et persévérance. Il est tout à fait normal au début d'assister à des refus continus et répétés. Il n'y a pas vraiment d'astuce, si ce n'est d'essayer et de réessayer, en proposant progressivement le même plat plusieurs fois. Intriguez votre enfant avec des assiettes attrayantes, dont la disposition des aliments est soignée et colorée. Aidez l'enfant de manière calme, tranquille et quelque peu amusée.

Ne forcez pas l'enfant à manger, et respectez son rythme et ses refus ; ceux-ci sont tout à fait normaux au début.

Le langage

Il est prouvé que les trajectoires de développement des compétences linguistiques sont caractérisées par un haut degré de volubilité en termes de calendrier, de modes et de stratégies d'acquisition. Un instrument, cependant, qui est adéquat pour faire une première évaluation générale est certainement la comparaison de l'enfant avec ses pairs. Une véritable sonnette d'alarme ne peut donc être tirée qu'après les enquêtes approfondies nécessaires pour évaluer les éventuels retards ou atypies.

La langue est un aspect très important de la vie de chaque individu : son acquisition correcte favorise la maturation conséquente des capacités cognitives et, surtout, relationnelles. Malgré la variabilité interindividuelle, on peut donc identifier des étapes de développement par lesquelles passe l'enfant, qui l'amènent progressivement à utiliser la communication verbale.

Étape 1 : l'" Lallazione " à environ 6 mois

Le bébé commence à produire des sons consonants et vocaliques répétés, ainsi que les premières syllabes. Ce sont les tout premiers phonèmes émis, qui amusent et stimulent le bébé à poursuivre ses tentatives de vocalisation et de composition sonore.

Étape 2 : communication verbale intentionnelle vers 10 mois

À la fin de l'année de développement, la capacité d'écouter et d'interagir avec d'autres personnes se développe, en prononçant les premiers mots complets. "Pa-pa" ou "Mam-ma" seront les appels pour exprimer ses besoins ou simplement pour attirer son attention.

Étape 3 : premiers mots vers 12 mois

L'enfant augmente le nombre de mots qu'il est capable de prononcer, ou essaie les premiers s'il est "en retard". Son vocabulaire s'enrichit en quelques mois, jusqu'à comprendre jusqu'à 50 mots vers le seizième mois. Il est également souligné comment l'enfant utilise l'expression d'un seul mot pour désigner des phrases entières, laissant ainsi au parent le soin de comprendre quel sens possible il voulait donner à ce moment précis. La "holophrase", ainsi appelée, englobe l'ensemble de la demande et de l'énoncé : "En haut" peut signifier "Je veux que tu viennes me chercher" - "Les biscuits sont là-haut" - "Cet avion est dans le ciel".

Étape 4 : Premières phrases vers 18 mois

Il y a une sorte d'explosion du vocabulaire à ce stade. Bien que l'enfant ne dise que quelques mots au cours des mois précédents, il assimile en fait beaucoup plus de mots qu'il n'est capable d'en prononcer. Écoutez un jour. Écoutez-en un autre. Écoutez une semaine, puis un mois et le jeu sera bientôt terminé. Essayez donc de parler correctement entre vous, en évitant les "banalités", et nommez les objets et les choses à haute voix, en les désignant toujours lentement. Les stimuli externes et les relations avec les autres favoriseront encore plus cette croissance : jouer à dire les différentes parties du corps (oreilles, nez, bouche, etc.) avec un ami l'aidera à prendre conscience qu'il est une personne distincte et individuelle. Au 30ème mois, votre enfant sera alors capable de dire jusqu'à 150 mots et de composer les premières phrases de manière simple, en assemblant deux ou trois mots. Veillez donc, à ce stade, à ce que votre enfant ne vous entende pas vous disputer ou être fortement secoué par un événement particulier : il capterait les gros mots ! Surtout s'ils sont prononcés à haute voix. La télévision ne l'aidera pas à ce stade, car elle ne lui répond pas comme le font les gens, s'érigeant en protagoniste passif et non en interlocuteur actif.

Étape 5 : Phrases complètes d'environ 24 à 36 mois

Le développement des capacités linguistiques de l'enfant avec cette accélération rapide entraîne parallèlement un potentiel d'apprentissage plus facile d'une seconde langue. En plus de composer les premières propositions déclaratives, il pourra alors suivre une courbe d'apprentissage étroite avec une autre langue, s'il la parle.

Étape 6 : stabilisation expressive à environ 36 mois

A partir de la troisième année, la langue s'affine et progresse, notamment dans le domaine syntaxique. De nombreuses lacunes grammaticales telles que le pluriel des noms, les articles, les prépositions subsistent certainement, mais des phrases plus longues et plus subordonnées seront testées par l'enfant.

Connaître les stades physiologiques du développement permet de repérer les situations à risque précoces de retard transitoire, ou d'assimilation atypique, à orienter vers l'orthophoniste si nécessaire. Les principaux "symptômes" que l'on peut rechercher sont les suivants :

- *Absence d'attention* : l'enfant n'attire pas l'attention de l'adulte sur l'objet qui l'intéresse.
- *Absence de berceuse chantée* : votre enfant ne produit pas les séquences canoniques de syllabes répétées comme "tratratra" ou "mama" vers 7-8 mois, ou variées comme "boulanger" ou "banane".
- *Réduction de l'expression mimique-gestuelle* : votre enfant peut avoir du mal à sourire, à faire des expressions tristes, à bouger ses jambes en signe de contentement, à pointer du doigt.
- *Difficulté vocale à reproduire consonnes simples :* « t » - « m » - « n » - « z ».
- *Difficulté vocale à reproduire consonnes phonèmes : « sca » - « tre » - « gn » - « le » - « vr ».*
- *Manque de vocabulaire prolongé au-delà de la deuxième année :* inquiétude fondée sur de possibles pathologies neurologiques, sensorielles ou cognitives, à investiguer en séances de thérapie.
- *Les difficultés à composer des phrases complètes sujet-verbe-objet :* un autre point à évaluer à partir de 30 mois.

En présence de l'un de ces indicateurs, il convient d'émettre l'hypothèse d'un retard dans le développement du langage et d'orienter l'enfant vers une consultation orthophonique. Ce professionnel, à l'aide de méthodologies étudiées et appropriées, cherchera d'abord à vérifier l'absence de causes endogènes (déficits neuropathologiques), puis à déterminer les difficultés externes qui entravent ou bloquent l'acquisition d'un langage approprié. Grâce à des observations objectives et des tests déterminés, il pourra concevoir, avec les parents, la meilleure intervention pour rétablir et réaligner la voie du langage de l'enfant.

La sécurité

L'apparition de la capacité à se tenir debout et à marcher confortablement au cours de la deuxième année de vie s'accompagne d'un énorme désir et d'une forte envie de la part de l'enfant d'explorer les espaces inconnus à l'intérieur et à l'extérieur de la maison. Leur familiarité renouvelée et leur facilité à marcher conduisent inévitablement les parents à ne jamais s'arrêter pour ne pas les perdre de vue. Il suffit parfois de quelques secondes ou instants pour que les petits se mettent dans des situations potentiellement dangereuses. En plus de tous ceux auxquels vous pouvez penser, considérez :

L'Eau : éviter de faire trempette par mer calme. Bien que l'eau soit peu profonde, il est toujours prudent d'avoir quelqu'un qui la surveille, car la noyade est une cause d'accident beaucoup moins éloignée qu'on ne l'imagine. Pour ce qui est de la salle de bains, il est toutefois conseillé d'empêcher le libre accès. Toilette, bidet, baignoire. En ce qui concerne ce dernier point, même si vous avez placé un tapis en caoutchouc, l'enfant peut se blesser en tentant vainement d'enjamber le bord, en faisant une mauvaise chute. Sans parler des tiroirs laissés ouverts par oubli : qui sait combien de détergents ménagers, d'alcools, de cosmétiques il pourrait redécouvrir comme des " sirops toxiques " à déguster.

Les escaliers : bloquez l'accès au grenier de la maison avec une barrière appropriée. Il en va de même pour les poêles à bois ou les cheminées dans les maisons de montagne. Si vous voulez quand même lui laisser une petite marge de manœuvre, pour l'argument de l'affirmation de soi expliqué plus haut, placez une barrière sur la première ou la deuxième marche. Ensuite, surveillez ses mouvements d'escalade à courte distance pour éviter les "effets secondaires".

Les appareils : les mouvements plus amples et plus vifs de votre nouveau lièvre peuvent donner lieu à des frayeurs désagréables. Par rapport à quelques mois plus tôt, il y a maintenant la possibilité qu'il découvre votre aspirateur dans un coin caché de la maison, qu'il tire le cordon et mette sa main dans la prise électrique, ou qu'il le fasse tomber sur lui-même. Je vous laisse fantasmer sur les conséquences plus ou moins néfastes.

Les fenêtres : barrez toutes les fenêtres basses que l'enfant peut atteindre, en utilisant même les tabourets, les chaises et les rebords de fenêtres. La force de préhension en pince du pouce et du bout des doigts qu'il apprend vers 8 mois, pour de nombreuses poignées modernes ou légères, peut suffire à ouvrir des brèches malencontreuses.

La course : ne laissez pas votre enfant courir librement s'il a encore quelques morceaux de nourriture dans la bouche car en cas de chute accidentelle, il pourrait s'étouffer. Il en va de même pour son entraînement au "cross-country" : si à la maison, vous pouvez aménager des coins et recoins en mousse souple, à l'extérieur, le sol glissant et irrégulier pourrait le faire trébucher sur des racines dures, des coins de trottoirs, etc. En bref, quand il commence à courir, le cœur commence à battre !

La route : mention honorable. Bien que banal, le passage d'un piéton doit toujours être accompagné de la main et non d'une prise mal assurée avec laquelle il peut se dégager, mais ferme et serrée.

Les plantes : vous les avez oubliées, n'est-ce pas ? Si vous avez une flore vivante dans votre maison, ne sous-estimez pas l'idée malsaine qu'un enfant puisse un jour décider de tester son sol plein d'engrais. Il suffit d'une seule fois pour se faire une telle frayeur que l'on s'en souviendra toute sa vie, même s'il existe heureusement des services hospitaliers spécifiques disposant d'anti-poison ou d'anti-fertilisant appropriés.

La voiture : la première sauvegarde du transport en voiture s'apprend lors du premier trajet entre l'hôpital et le domicile après l'accouchement. Une fois que le bébé a un an et qu'il a atteint un poids minimum déterminé, vous pouvez faire pivoter le siège auto et l'orienter enfin vers les sièges avant. Veillez toujours à ce qu'il soit correctement fixé pour maintenir les harnais en place. Évitez les sièges d'occasion : vous ne savez jamais s'ils ont été impliqués dans un accident précédent et ont perdu leur homologation, ou s'ils présentent des fissures et des pièces manquantes invisibles.

La discipline

Reprenant le discours initial, un parent confronté à des "non" décisifs et insistants qu'il entend de plus en plus souvent, pourrait se demander : "Qu'est-ce que je fais de mal ? Mon enfant n'a jamais été comme ça. Il n'est pas normal". La désorientation est consécutive à la rupture de la relation de complicité et de serviabilité que vous croyiez établir avec votre enfant. Vous pouvez ressentir de la colère ou de l'agacement face au refus de respecter les demandes et les règles, interprétant ces provocations comme de véritables affronts à votre rôle. Dans le cas d'un comportement exaspérant, l'impuissance et l'inquiétude pour l'avenir seraient compréhensibles.

Les réactions les plus habituelles, mais dysfonctionnelles, des parents sont au nombre de deux :

"*Mon bébé ne devrait jamais être contrarié, il s'en remettra*".

L'abdication de son rôle parental, le renoncement aux règles dispensatrices, la liberté de faire ce que l'enfant veut sans jamais le contredire, sont la base de cette pensée.

"*Mon enfant ne peut pas se permettre de donner des ordres, c'est moi qui commande dans la famille*".

Le durcissement de la figure d'autorité et le resserrement du devoir prescriptif constituent l'approche des parents qui devient hostile. La transgression de l'enfant est impitoyablement réprimée par des gronderies et des punitions. Il y a une intention claire de rétablir le respect et les règles des responsables, plus ou moins consciemment. La répétition incessante de la désobéissance devrait pourtant laisser entrevoir l'inefficacité de châtiments intenses et fréquents.

Au contraire, pour exercer sa mission de manière équilibrée, il faut être conscient de ses véritables tâches éducatives et des besoins évolués de l'enfant à cet âge particulier. Il s'agit plutôt de **la fonction de régulation parentale**, qui consiste en la capacité de donner des cadres de référence à ses enfants.

Les enfants commencent à vouloir se construire une identité psychologique, leur propre "moi", différent des autres, avec leurs propres pensées et émotions. Un processus qui commence vers le milieu de l'âge de deux ans et se poursuit jusqu'à l'adolescence. Votre enfant acquiert un développement cognitif, émotionnel et moteur tel qu'il se perçoit comme un être distinct de ses figures de référence habituelles. Quelques exemples :

- Se prima, doveva aspettare che la mamma lo alimentasse, ora capisce di potersi prendere del cibo, dell'acqua, salendo da solo sulla sedia;
- Se prima, le sue emozioni erano correlate agli stati d'animo del papà, o della mamma soprattutto, ora comprende di poter essere arrabbiato solo lui o far arrabbiare la mamma quando e come vuole;
- Se prima doveva intrattenersi con svaghi proposti da un genitore, ora contempla di decidere arbitrariamente a quale o con quale gioco giocare.

Les manifestations manifestes d'opposition à toute chose, et qui se produisent indépendamment de l'intérêt qu'ils portent à cette chose, sont le moyen pour l'enfant d'affirmer inconsciemment son désir d'individualité. Parce qu'ils proviennent de la personne envers laquelle ils ont eu, jusque-là, une dépendance physique nécessaire. La pensée la plus correcte à faire en conséquence doit être :

"*Mon enfant grandit et se construit enfin une identité propre, et je vais l'aider à découvrir ce qu'est cette identité*".

Sachant qu'il s'agit de comportements transitoires, il faut alterner les moments où l'on permet à l'enfant d'exercer son nouveau pouvoir et ceux où l'on fixe des limites. La clé est d'avoir une **attitude flexible**. Plus le parent est capable de faire preuve de patience, plus cette phase de provocation diminuera, et laissera place à l'affirmation de son ego tenace et sûr. Cela favorisera la conscience de soi et lui permettra de s'adapter avec équilibre aux règles de la vie sociale.

Une répression exaspérée, presque annihilante, amènera l'enfant à vivre les directives comme des menaces, et fera tout pour ne pas les respecter ; ou pour inhiber sa volonté et opprimer sa future façon d'être. Dans le pire des cas, il pourrait arriver, pour donner un exemple concret, que l'enfant suive aveuglément ce que le parent veut pour ne pas perdre son amour ; mais il se retrouvera dans une grave crise lorsqu'il devra choisir, car il n'aura aucune connaissance de ce qu'il veut vraiment.

La solution indiquée n'est pas facile à mettre en œuvre, mais elle est possible. Lorsque les circonstances le permettent, il est bon de féliciter l'enfant sans exagérer, en disant par exemple : "Bravo, tu as réussi à le faire toi-même". Comprendre et accommoder une intention particulière de l'enfant qui n'est pas dangereuse est l'occasion idéale. Dans les cas où il tente au contraire de s'imposer, il faut chercher des subterfuges pour que la demande soit finalement exécutée, en disant : "Maintenant, tu ne veux pas ? Bien, tu le feras plus tard" - "Nous le faisons ensemble, papa t'aide". Lorsqu'il n'est pas possible de réaliser son souhait, il faut reconnaître sa volonté mais lui faire comprendre qu'il n'est pas possible de la soutenir pour le moment : "Tu veux jouer au football maintenant, mais tu ne peux pas ici". Bien qu'il ne parle pas encore très bien, il comprend les phrases courtes et sent votre fermeté ou votre insécurité. C'est pourquoi il est important de ne pas paraître hostile et de ne pas gronder, mais de faire preuve d'empathie et de reconnaître sincèrement son souhait.

Il y aura cependant des jours où l'enfant exagère, et vous devrez faire preuve de détermination et de volonté pour donner de la retenue, sur un ton ferme mais détendu. Il est important qu'il y ait une cohérence entre ce qui a été annoncé peu de temps auparavant et ce que vous faites ensuite. Si la tentation de donner une leçon est parfois trop forte, envisagez des punitions qui ne soient pas humiliantes, mais constructives. Donnez à votre enfant une chance de réparer son mauvais comportement et de soulager sa culpabilité. C'est aussi l'occasion pour vous d'aplanir certains côtés de votre caractère et d'admettre certains défauts. Il ne s'agit pas d'une lutte de pouvoir. La bonne attitude consiste à trouver un équilibre entre les choix éducatifs et la manière d'être du parent et le besoin différencié de l'enfant. Une formation constante et patiente dans le but de poursuivre une relation épanouie et riche. Il s'agit d'un "échauffement" précoce en prévision de ce qui se produira avec plus de force et de turbulence à l'adolescence.

N'oubliez pas qu'en cas de soutien, vous pouvez toujours consulter un psychologue pour enfants afin de trouver la bonne stratégie pour vous et pour lui.

L'activité de l'enfant

Après l'âge d'un an, les enfants, comme nous l'avons vu, commencent à marcher, à courir dans la maison, à monter les escaliers, à sauter ; par conséquent, vous devez d'abord aménager un espace sûr dans la maison où ils peuvent se déplacer librement. Vous pouvez utiliser des tapis et des coussins colorés aux lettres douces, afin que leur nouveau sol soit l'espace idéal pour qu'ils puissent expérimenter et se divertir. Suivre une routine adaptée à leurs besoins et à leur âge. Après le petit-déjeuner, le changement de couche et le pyjama, les petits seront prêts à s'amuser avec vous dans divers jeux et activités. C'est à vous de leur proposer quelque chose qui ne soit ni trop facile, dont ils pourraient se lasser et se rebeller, ni trop compliqué, qui ne ferait que les frustrer et les mettre en colère. Chaque enfant est différent et spécial, et montre des inclinaisons et des talents différents par rapport à ses pairs : si vous le voyez malheureux et capricieux, le jeu ou sa difficulté ne lui convient probablement pas.

Pour cela, découvrons les meilleurs passe-temps pour améliorer leur motricité et stimuler leur développement cognitif.

- **L'immortalisation :** jouez à des jeux d'habillage avec sa peluche préférée. Habillez-le en médecin avec des lunettes, ou en cuisinier avec un chapeau. Sinon, vous pouvez échanger les rôles père/fils et vous amuser à vous voir à travers ses yeux. Les enfants aiment généralement beaucoup l'imitation, cela les amuse et stimule leur imagination naturelle.

- **La gymnastique :** si vous avez envie d'un jeu plus dynamique, vous pouvez essayer une version simplifiée de cache-cache. Ils prendront certainement plaisir à se mêler de tout. Vous pouvez aussi l'aider à sauter d'une chaise, à grimper sur vos jambes, à rouler sur le tapis, à se balancer sur un cheval ou dans vos bras, etc.
- **La lecture :** après l'avoir un peu fatigué, il existe de nombreux livres pour enfants qui peuvent l'aider à se détendre et à se calmer. Outre les contes de fées à lire avant de s'endormir, essayez des livres "pop-up" de formes et de couleurs variées, des livres sonores avec des bruits d'animaux, des livres tactiles pour toucher différentes matières ou des livres à gribouiller avec des crayons. Il y en a tellement qu'ils seront ensorcelés.
- **La manipulation :** les enfants aiment utiliser leurs mains, presser et faire gicler. Créer de la pâte à pizza avec lui est sans aucun doute une activité fantastique pour laquelle il sourira de manière suffisante. Si par hasard il le met dans sa bouche à la fin, ce n'est qu'une pâte inoffensive de farine et d'eau. Sinon, vous pouvez opter pour didò, un produit non toxique similaire à Play-Doh ou à la pâte à modeler, mais destiné aux plus jeunes enfants. Il développera leur dextérité manuelle et leur créativité.
- **L'animation musicale :** prenez un seau en plastique, des cuillères en bois, des boîtes, des pots et des couvercles, et lancez le nouveau groupe Aristocats. Il va décharger beaucoup d'énergie et se familiariser avec les sons, au détriment de votre audition. Si vous êtes gêné par des bruits trop dissonants et désaccordés, vous pouvez simplement mettre des bouchons d'oreille ou recourir à votre porte-monnaie pour acheter des tapis

musicaux. Ils peuvent alors être joués sans vous donner de mal de tête.

- **Le rangement :** c'est une activité que vous ne devez absolument pas faire lorsque vous êtes stressé et fatigué, car vous aurez besoin d'un aspirateur et de beaucoup de patience pour ranger. Espacez autant que possible une zone. Equipez-vous de boîtes de conserve de différentes formes, de nombreux gobelets en plastique, de bols de couleur et enfin... de riz, de céréales ou de haricots. Le jeu de transvasement consiste à faire passer la légumineuse ou la pâte choisie d'un récipient à un autre. Vous pouvez également l'inciter à se souvenir de l'endroit où ont été placés les différents penne, fusilli, macaroni, etc. C'est un excellent exercice stimulant qui améliore sa coordination œil-main. Au cas où il insisterait pour jouer à ce jeu le mauvais jour, essayez d'utiliser des pinces à linge de couleur à la place de la nourriture crue.
- **Les fils de laine ou d'acrylique colorés :** donnez à votre enfant de nombreux fils de laine ou d'acrylique colorés et invitez-le à les enfiler dans les trous. Vous pouvez également utiliser des pailles ou des cure-dents à la place.
- **Les aquarelles :** si le fait de bricoler sur des feuilles de papier vierge ou de dessiner avec des marqueurs et des crayons de couleur ne vous satisfait pas, essayez les aquarelles. Si vous ne les avez pas sous la main, vous pouvez même trouver sur Internet des recettes à faire soi-même pour les préparer à la maison.
- **Les détrempes lavables :** l'évolution "premium" de l'aquarelle. Faites-les le dimanche quand vous êtes de bonne humeur. Munissez-vous d'une très grande feuille de papier épais et solide : elle doit être de la taille de quelques mètres carrés pour éviter de salir le sol. Il existe certainement des papeteries spécialisées, des

magasins de jouets ou des boutiques d'idées de cadeaux qui l'ont en stock. Achetez ensuite des détrempes multicolores lavables (et non toxiques) et procurez-vous des éponges. Arrosez ses mains et ses pieds avec les différentes couleurs ou laissez-le créer différents mélanges. Ensuite, laissez-le marcher, bouger et poser ses doigts sur tout le papier, en le tenant pour qu'il ne se fasse pas mal si nécessaire. Lorsqu'il s'est suffisamment amusé, il est inutile de dire que vous devrez laver la couleur avec un bon bain dans la baignoire.

- **Les constructions en carton :** avec des restes de carton ou même des boîtes à couches vides, fabriquez un fort ou un tunnel dans lequel l'enfant pourra entrer. Dès qu'il aura réussi à détruire la fragile construction, vous pourrez réutiliser les cartons plats en créant un puzzle. Dessinez et coloriez les différentes pièces avec des marqueurs, en inventant quelque chose de simple. Découpez-les ensuite en toute sécurité avec une paire de ciseaux et le jeu est prêt.
- **Le panier au trésor :** un jeu de bricolage absolument indispensable à la maison. Lorsque vous allez chez un parent, une tante ou une grand-mère, c'est un jeu parfait. Avant d'arriver à destination, ramassez quelques pierres et pommes de pin dans un jardin ; vous en aurez besoin plus tard. Ensuite, prenez un panier en osier et beaucoup, beaucoup de matériaux naturels différents. Boules de laine, éponges, pierres et pommes de pin ramassées, coquillages, etc. Faites-lui pêcher et toucher une chose à la fois pour stimuler ses sens. L'exploration et la manipulation d'objets qui sont banals pour vous seront une grande découverte pour lui.
- **L'ordre :** à la fin d'une journée sabbatique, lorsqu'il s'est déchaîné avec tous les jouets imaginables, il est

temps de ranger. Cela peut sembler être une tâche pour maman ou pour vous, mais vous pouvez faire d'une pierre deux coups. La méthode est simple : faites-lui éparpiller des jouets et des marionnettes sur le sol, puis appelez un par un les différents jouets qu'il doit trouver et mettre dans la boîte spécifique. Lors des premières tentatives, vous devrez l'aider à reconnaître et à mémoriser les noms, voire à les répéter plusieurs fois, mais à la fin, vous serez étonné de voir combien il s'amusera à tout mettre en place, comme s'il s'agissait d'un véritable jeu.

- **Les blocs ou briques :** une activité classique et reconnaissable, c'est un incontournable. Il existe tellement de modèles de toutes sortes sur le marché que vous n'avez que l'embarras du choix. Empilables, colorés, avec des écussons et des figures alternatives. C'est l'une des rares activités qu'ils prendront plaisir à faire seuls après que vous leur ayez expliqué les règles. Ces cubes empilables vous permettront de gagner 10 à 15 minutes de détente bien méritée.
- **Les extras divers :** n'oubliez pas d'utiliser des voitures miniatures, des avions, des poupées, des peluches, des camions, des motos, des puzzles, des balles et autres accessoires traditionnels.

"Les larmes et les craintes d'un pere sont invisibles, son amour est silencieux, mais ses soins et sa protection restent un soutien solide tout au long de la vie."

Ama H.Vanniarachchy

Conclusions

Repensez à tout ce que vous avez fait au cours de ces deux années. Bien que tant de jours se soient écoulés et bien que cela ait été difficile, parfois épuisant, il vous semblera que peu de temps a passé. Il semble impossible de se souvenir maintenant du petit être potelé que vous avez tenu dans vos bras dès sa naissance, avec tant d'inquiétude et de peur. Vous avez traversé des semaines sans dormir, surmonté toutes sortes de difficultés, des querelles avec votre partenaire, mais vous êtes là. Le petit bébé est devenu un petit paquet de viande qui se tortille dans le siège auto et dans le landau. Il acquiert peu à peu une personnalité propre, des intérêts propres, il prononce ses premiers mots, marche bizarrement et présente chaque jour de nouvelles bizarreries.

Pendant cette période, cependant, ce n'est pas seulement lui qui a mûri, mais vous aussi. Pensez juste à la terreur cachée que vos yeux ont manifestée. Chaque petit manque de l'enfant est devenu votre première priorité. Vous êtes devenu fort et avez affronté de nombreuses difficultés et de nouveaux défis, entre le bain, le changement du bébé, la sécurisation de la maison et la recherche du meilleur porte-bébé et du meilleur landau. Vous l'avez fait rire, vous l'avez certainement fait pleurer, mais vous lui avez aussi certainement appris beaucoup de choses. Si la fièvre et la toux du bébé persistaient et créaient beaucoup d'anxiété, vous comprenez maintenant et placez chaque affection à sa juste dimension. Vous êtes prêt à toute éventualité et ne vous laissez pas abattre.

Félicitations pour votre excellent engagement et votre travail jusqu'à ce stade. Deux ans de votre vie, pour le meilleur et pour le pire. La paternité est un long voyage à durée indéterminée, on ne peut donc pas partir en vacances comme on le fait pour le travail ! Mais la joie, la douceur, la curiosité, la satisfaction et l'héritage vous feront oublier d'un cœur lourd toute la responsabilité que vous devrez porter.

N'oubliez pas que les pères ne naissent pas, ils deviennent pères. Vous aurez encore beaucoup de choses à apprendre, et beaucoup d'autres à découvrir dans les années à venir. Être un bon père n'est pas facile et ne s'improvise pas. Ce que vous pouvez faire, c'est de toujours garder votre sens du devoir élevé en vous promettant de faire de votre mieux dans chaque situation. Acceptez les suggestions et les conseils que l'on vous donne et apprenez de vos propres erreurs, présentes et passées. L'amour incroyable que vous ressentirez pour votre enfant guidera votre chemin.

Chaque fois que vous tiendrez votre enfant dans vos bras ou par la main, vous saurez que ce n'est pas un rêve, c'est réel. Vous êtes des papas. Vivez le moment présent, chérissez cette expérience fantastique et ne vous inquiétez pas : la vérité est qu'il n'y a pas de pères parfaits, mais des pères qui veulent du bien à leur enfant.

Si vous avez apprécié ce livre, je vous invite à laisser un "like" sur un commentaire ou à écrire vous-même un avis.

Leonardo Belcuore